55 Speaking Activities im Englischunterricht

Geniale Ideen und Methoden zur Förderung der Sprechkompetenz

2. Auflage 2022

Autor*innen: Johann Aßbeck
Covergestaltung: Kirstin Lenhart München
Umschlagfoto: Megaphone: Freepik
Illustrationen: Steffen Jähde
Satz: fotosatz griesheim GmbH
Druck und Bindung: Korrekt Nyomdaipari Kft., Budapest
ISBN 978-3-403-**08303**-0
www.auer-verlag.de

INHALT

KOMMUNIKATIVER UMGANG MIT LEHRBUCHTEXTEN

KOMMUNIKATIVER UMGANG MIT FREIEN LESETEXTEN

SPIELERISCHES FREIES SPRECHEN

SIMULATION DER REALITÄT: ROLLENSPIELE, SZENARIOS, SIMULATIONEN

DISKUTIEREN

MONOLOGISCHES SPRECHEN

Der Englischunterricht soll die Schüler[1] zur Kommunikationsfähigkeit führen, d. h., sie sollen in der Lage sein, sich über Fakten, Meinungen, Gefühle etc. auszutauschen. Dabei sollten sie die Sprache der jeweiligen Situation entsprechend anwenden können (Gebrauch passender Formeln und Phrasen, angemessene Stilebene etc.). Auch sollten sie in der Lage sein, sprachliche Probleme (z. B. Wortschatzlücken) ad hoc lösen zu können. Mündliche Kommunikation in einer Fremdsprache ist also eine sehr komplexe und anspruchsvolle Tätigkeit, die den Schülern Kompetenzen in verschiedenen Teilbereichen abfordert:

- Sprachkompetenz (Aussprache, Wortschatz, Grammatik)
- soziolinguistische Kompetenz (Verwendung von situationsangemessener Sprache und eine adäquate Interpretation des Gehörten)
- diskursive Kompetenz (Beachtung der Konventionen von Gesprächsabläufen, die kulturell unterschiedlich sein können)
- strategische Kompetenz (Umschreibungsstrategien bei Wortschatzdefiziten etc.)

Diese Teilkompetenzen müssen alle regelmäßig geübt werden, damit die Schüler sich in einem freien Gespräch kompetent und sicher fühlen. Die Sprechaktivitäten in diesem Buch fokussieren daher entweder eine bzw. eine Kombination dieser Teilkompetenzen oder sie versuchen, motivierende Situationen für die Anwendung der Sprechkompetenz in einem möglichst realitätsnahen Handlungsrahmen zu bieten.

Da der Fremdsprachenunterricht keine natürliche Sprechsituation darstellt – weil die Inhalte von allen Beteiligten erheblich müheloser und präziser in der Muttersprache erörtert werden können –, hat der Lehrer häufig mit dem Problem mangelnder Sprechwilligkeit der Schüler zu kämpfen. Aber welche Faktoren beeinflussen die Sprechbereitschaft der Schüler?

- Eine entscheidende Rolle spielen die tatsächliche und die „gefühlte“ **Sprachkompetenz** des jeweiligen Schülers und das mit ihr verknüpfte Selbstkonzept. Fühlt sich ein Schüler sprachlich nicht kompetent und erhält zudem vom Lehrer auf seine Äußerungen negatives Feedback, das sein negatives Selbstkonzept zu bestätigen scheint, so wird er verständlicherweise fremdsprachliche Äußerungen immer mehr vermeiden und so durch mangelnde Übung die Weiterentwicklung seiner Sprechkompetenz be- bzw. verhindern. Diesen Teufelskreis gilt es unter allen Umständen zu vermeiden bzw. zu durchbrechen.
- Sprechbereitschaft setzt auch ein **inhaltliche Kompetenz** und Interesse am Thema voraus. Die Inhalte im Englischunterricht sollten daher an den Lebensbereichen und Erfahrungen der Schüler ansetzen und ihnen so auch kompetente Meinungsäußerungen und Urteile ermöglichen. Dieses Bemühen um inhaltliche Relevanz kann allerdings ins Leere laufen, wenn das Lehrerfeedback sich primär auf die

1 Aufgrund der besseren Lesbarkeit ist in diesem Buch mit Schüler auch immer Schülerin gemeint, ebenso verhält es sich mit Lehrer und Lehrerin etc.

sprachliche Korrektheit oder Fehlerhaftigkeit der Schüleräußerungen bezieht. Hingegen zeigen Reaktionen auf den Inhalt der Äußerungen (Zustimmung, Zweifel, Erstaunen, Nachfragen, ...) den Schülern, dass sie als Gesprächspartner ernst genommen werden – eine wichtige Voraussetzung für Sprechmotivation.

* Sprechen ist grundsätzlich eine sehr komplexe Tätigkeit, die in der Fremdsprache erheblich mehr Planungsaufwand erfordert, da viel Sprachmaterial noch nicht genügend automatisiert ist. Starker Zeitdruck mag für die guten Lerner kein Problem darstellen, kann jedoch die schwächeren Schüler verstummen lassen. Gewährt jedoch der Lehrer den Schülern nach einer komplexen Frage 2 bis 3 Sekunden **Reflexionszeit** oder können Schüler ihre Informationen und Meinungen zuerst mit einem Partner besprechen, so gibt ihnen diese verlängerte Planungszeit Sicherheit und erhöht die Sprechwilligkeit. Auch führt dieses Verfahren zu längeren und komplexeren Schüleräußerungen und zu einer größeren Vielfalt der Sprechakte. Auf diese Erkenntnis greifen viele der vorgeschlagenen Aktivitäten zurück.
* Sprechbereitschaft entsteht vor allem in einer **angstfreien Atmosphäre**, in der Selbstvertrauen und Vertrauen auf andere sich gegenseitig befruchten. Hierbei ist das (Übungs-)Gespräch mit Mitschülern im „geschützten Raum“ (d. h. ohne Bewertung oder kritische Analyse durch den Lehrer) ebenso wichtig wie das Lehrerverhalten bei sprachlichen Defiziten, das den Lehrer vor allem als „Sprachhelfer“ zeigen sollte: Er bietet Hilfestellung bei Problemen (z. B. *prompts* bei Wortschatz- und Grammatiklücken) und er korrigiert indirekt (z. B. durch Umformulierungen = *recasts* oder Nachfragen), d. h., er agiert im Gespräch wie ein *native speaker*. Das Vertrauen in den Lehrer als „Unterstützer in der Not“ ist vor allem dann unerlässlich, wenn er bei Partner- oder Gruppenarbeit einen fehlenden Schüler vertreten muss. Wesentliche Fehler, die nicht unbehandelt bleiben dürfen, können in einer speziellen Fehleranalysephase nach der Sprechaktivität erörtert werden.

Letztlich ist für das Ziel der Kommunikationsfähigkeit jedoch ausschlaggebend, dass der Übergang vom bloßen Sprechen zum kommunikativen Handeln möglichst oft stattfindet und die Schüler die Fremdsprache nicht nur üben, sondern auch möglichst realitätsnah anwenden. Fragen, die lediglich die Reproduktion von Lehrbuchtextinformationen erfordern, dienen dem sprachlichen Üben. Fragen, die zur Neuorganisation des bisherigen Wissens, zur Reflexion von Wissen und Einstellungen, zur Argumentation und Wertung auffordern (sogenannte *higher order questions*), dienen zum Üben von Sprache und Kommunikation. Im günstigsten Fall führen sie zur emotionalen Involviertheit der Schüler und so zu spontanen, „echten“ Äußerungen in der Fremdsprache. Die meisten Aktivitäten in diesem Buch gehen daher von den Lebensbereichen der Schüler aus und erfordern Entscheidungsprozesse, um auf diesem Weg „echte“ Äußerungen hervorzurufen.
Lehrerfragen stellen jedoch nur einen Schritt auf dem Weg zur Kommunikationsfähigkeit dar. Komplexere Aktivitäten wie Simulationen, Szenarios, Diskussionen und

verschiedene Typen von *gap activities* versuchen, die außerschulische Realität zu imitieren, und spielen daher auch in diesem Buch eine wichtige Rolle.

Innerhalb dieses (sehr verkürzt dargestellten) theoretischen Rahmens der Sprechschulung im kommunikativen Englischunterricht will dieses Buch systematisch aufzeigen, welches Potenzial für kommunikatives Üben und Anwenden in den verschiedenen Phasen des Unterrichts (z. B. am Stundenanfang und -ende) und in den einzelnen Bereichen (z. B. Wortschatzwiederholung, Grammatikeinübung, Arbeit mit Lehrbuchtexten) vorhanden ist und häufig nicht ausgeschöpft wird. Auch werden in diesem Buch spielerische Sprechaktivitäten vorgestellt, die geeignet sind, Sprechhemmungen abzubauen und das kommunikative Anwenden der Fremdsprache mit Spaß zu verbinden.
Um den Schülern möglichst viel Sprechzeit und Interaktion in der Fremdsprache zu ermöglichen, wird für viele Aktivitäten die Arbeit in Vierergruppen vorgeschlagen, die allerdings in den meisten Fällen zu Fünfergruppen erweitert oder zu Dreiergruppen reduziert werden können.

WARMERS

HINWEISE ZUM EINSATZ IM UNTERRICHT

Kurzbeschreibung

Warmers, d. h. die ersten ca. 4 bis 6 Minuten des Unterrichts, sind ein häufig vernachlässigter Teil einer Unterrichtsstunde, der in seiner Bedeutung für den weiteren Verlauf des Unterrichts unterschätzt wird. Denn *Warmers* bieten zahlreiche Möglichkeiten für (spielerisches) Sprechen und können die Sprechbereitschaft der Schüler in dieser Stunde maßgeblich beeinflussen.

Warmers können unterschiedliche Funktionen haben, wobei sie oft mehrere Funktionen in Kombination erfüllen:

* Sie sollen eine entspannte, lockere Lernatmosphäre schaffen (Deshalb sind spielerische Verfahren wichtig.).
* Sie geben Schülern die Gelegenheit, sich an die englische Aussprache zu gewöhnen und ihr mentales Lexikon zu aktivieren.
* Mithilfe von *Warmers* können wichtige Stoffbereiche wiederholt werden, an die der darauffolgende Unterricht anknüpft.
* Sie sollen – möglichst auf spielerische Art und Weise – anfängliche Sprechunsicherheit und Sprechangst reduzieren und Freude am Sprechen in der Fremdsprache wecken.

Tipps

Damit *Warmers* diese Funktionen erfüllen können, müssen sie nach folgenden Kriterien sorgfältig ausgewählt werden:

* Sind sie für die jeweilige Klasse und ihr Verhalten (temperamentvoll, scheu etc.) geeignet? Zu welchen (un-/erwünschten) Schülerreaktionen führen sie womöglich?
* Bereiten sie die angestrebten Kompetenzziele der Stunde sinnvoll vor und sichern sie so wichtige Voraussetzungen für das Erreichen der Kompetenzziele (z. B. durch die Wiederholung eines bestimmten Wortschatzbereichs)?
* Über- oder unterfordern sie die Sprechkompetenz der Schüler?
* Machen sie den Schülern (und auch dem Lehrer) Spaß?

AKTIVITÄTEN

1 I hate this word! – reproduktives und freies Sprechen üben

 reproduktives und freies Sprechen, Wiederholung individueller Problemvokabeln

 6.–10. Klasse

 4–5 Minuten

Durchführung
Jeder Schüler wählt drei englische Wörter aus, die er nicht leiden kann, z. B. weil er sie häufig vergisst, sie „irgendwie blöd“ findet, sie häufig falsch schreibt etc., und schreibt sie auf einen Zettel. Der Lehrer demonstriert das Verfahren an einem Beispiel: *„I hate the word ‚cauliflower‘ because I keep forgetting it and I think the word sounds awful. And I don't like eating cauliflower anyway. Do you know what the word means?“*
Die Schüler erklären das Wort kurz auf Englisch und nennen am Schluss die deutsche Übersetzung.
Anschließend gehen die Schüler mit ihren Zetteln im Klassenzimmer umher und tauschen sich nach diesem Muster mit ihren Mitschülern aus, bis sie ihre drei Wörter unterschiedlichen Partnern mitgeteilt haben, die ihnen jeweils abschließend die deutsche Übersetzung des Worts genannt haben.

2 Guess what I did last weekend – einfache Aussagesätze trainieren

 freies Sprechen (einfache Aussagesätze), Wiederholung des *simple past*

 6.–7. Klasse

 5–7 Minuten

Durchführung
Die Schüler überlegen kurz, was sie am letzten Wochenende getan haben und welche drei dieser Tätigkeiten sie am leichtesten pantomimisch darstellen können. Der Lehrer beginnt mit einem Beispiel und stellt z. B. das Ausführen eines Hundes dar. Die Schüler erraten die Tätigkeit (*„You went for a walk with your dog.“*) und der Lehrer bestätigt die

Richtigkeit („*That's right, I went for a walk with my dog.*“), um die Verbform im *simple past* zu sichern. Dann gehen die Schüler im Klassenzimmer umher (oder bilden Vierergruppen) und stellen jeweils drei Tätigkeiten pantomimisch dar, die der gewählte Partner erraten und auf Englisch beschreiben muss.
Die Schüler sollten ihre Wochenendaktivitäten mindestens zwei unterschiedlichen Partnern vorstellen, sodass sie beim jeweils anschließenden Rollentausch sechs Aktivitäten oder mehr erraten müssen.

3 Simple Simon says … – Bewegungsverben wiederholen

konzentriertes Zuhören, Wiederholung der Bewegungsverben, Wiederholung von *body parts*

5.–7. Klasse

3–5 Minuten

Durchführung
Dieses bekannte Spiel wird hier mit einem Partner durchgeführt. Beide Partner stehen sich einander gegenüber. Einer der Partner gibt Anweisungen für Bewegungen, die der andere Partner ausführen muss, z. B.: *„Simple Simon says: Lift your left arm!“*
Allerdings darf der Partner die Bewegung nur dann ausführen, wenn der Anweisung die Formel *„Simple Simon says…“* vorangegangen ist. Führt er sie dennoch aus oder wählt er eine falsche Bewegung, so hat er verloren. Nun muss er solange die Anweisungen geben, bis sein Partner einen Fehler macht etc.
Bei diesem Spiel ist es wichtig, dass der Partner, der die Anweisungen gibt, erst nach mehreren Aufforderungen – d. h., wenn die Aufmerksamkeit des zuhörenden Partners nachgelassen hat – die Formel *„Simple Simon says…“* weglässt.
Diese Aktivität eignet sich auch gut als *energy booster*, wenn die Schüler zu Beginn der (ersten) Unterrichtsstunde noch müde und passiv sind.

What are you wearing today? – Spaß am Sprechen und an der Bewegung haben

 Entspannung, Spaß am Sprachgebrauch, Wiederholung des Themenfeldes *clothes*

 5.–7. Klasse

 3–5 Minuten

 eingespielte Musik

Durchführung

Die Schüler gehen langsam im Klassenzimmer umher und betrachten dabei aufmerksam, wie ihre Mitschüler gekleidet sind. Sie versuchen dabei auch, sich an möglichst viele Wörter des Themenfeldes *clothes* zu erinnern. Während dieser Zeit ertönt Musik, die nach ca. 10 Sekunden gestoppt wird. Nun müssen sich die Schüler möglichst schnell Rücken an Rücken mit dem am nächsten stehenden Mitschüler stellen und beschreiben, welche Kleidungsstücke der Partner trägt („*You are wearing a blue sweater and …*“). Dabei müssen beide zur Decke blicken, um heimliches Betrachten des Partners zu verhindern. Nach jeder Aussage bestätigt der Partner die Richtigkeit der Beschreibung oder korrigiert sie. Haben beide Partner ihre Beschreibung beendet, ertönt die Musik erneut und die nächste Runde beginnt.

5 Do you remember …? – die Zeiten im Englischen wiederholen

 Konzentration und Gedächtnistraining, Wiederholung der *tenses*

 6.–10. Klasse

 5–8 Minuten

 kleiner Ball

Durchführung

Die Schüler stehen in Kreisen mit ca. acht Schülern. Der Lehrer gibt das Thema vor, z. B. „*What did you do last weekend?*“ oder „*What are you going to do next Saturday?*“

oder auch *„What do you hate doing?“*. Anschließend antwortet jeder Schüler mit einem Satz auf die gestellte Frage. Diese verschiedenen Antworten müssen sich alle Schüler im Kreis merken.
Nun findet eine zweite Runde statt, in der ein Schüler einem anderen Schüler der Runde einen kleinen Ball zuwirft und dann die Äußerung dieses Schülers passend abgewandelt wiedergibt, z. B.: *„Max, you had an important basketball match on Sunday.“* Täuscht sich der Schüler bei der Zuordnung der Tätigkeit zur Person, so geht der Ball für einen zweiten Versuch an ihn zurück. Hierbei kann er eine andere Tätigkeit oder einen anderen Schüler wählen. Der Ball bleibt erst dann bei dem gewählten Schüler, wenn die richtige Zuordnung gefunden wurde. Anschließend ist dieser Schüler an der Reihe.
Diese Aktivität ist sehr vielseitig einsetzbar. Bei kleinen Gruppen können die Schüler zwei Tätigkeiten wählen, um Satzverknüpfungen zu üben (*„First I played … and after that I went …“; „I like … and I also like …“; „I like ... but/however I don't like …“*). Auch können verschiedene Wortschatzbereiche wiederholt werden (*„My favourite food/fruit/drink/pet/colour/sport/… is …“*).

CLOSERS

HINWEISE ZUM EINSATZ IM UNTERRICHT

Kurzbeschreibung

Die letzten Minuten einer Englischstunde können eine konfliktträchtige Phase sein: Es entsteht bereits Unruhe unter den Schülern, eine Übung soll noch schnell beendet werden, die Hausaufgabenstellung ist noch nicht erfolgt etc. Allerdings kann sich am Stundenende gelegentlich auch eine Zeitlücke auftun, für die eine passende Aktivität fehlt, da der Unterricht schneller und reibungsloser verlief, als erwartet. Wird diese Lücke nicht sinnvoll genutzt, kann die dadurch entstehende Unruhe und Ungeduld der Schüler (v. a. bei einer bevorstehenden großen Pause) und die daraus resultierende verärgerte Reaktion des Lehrers einen Schatten auf eine ansonsten interessante und gut strukturierte Stunde werfen.

Sinnvoll eingesetzte *Closers*, d. h. Sprechaktivitäten für die letzten Minuten einer Stunde, sollen dies verhindern. Closers haben hierbei eine Reihe von Funktionen:

- *Closers* sollen grundsätzlich Spaß machen, Freude am Sprechen der Fremdsprache wecken oder erhalten und – im Idealfall – die Unterrichtsstunde in heiterer, gelöster Stimmung ausklingen lassen. Dadurch erscheint häufig die gesamte Stunde im Rückblick in einem positiven Licht. Zudem gehen die Schüler konzentrierter und weniger angespannt in die nächste Stunde.
- Häufig können dabei wesentliche Inhalte der Stunde in spielerischer Form nochmals aufgegriffen werden oder es können – in Analogie zu den *Warmers* – weiter zurückliegende Inhalte wiederholt werden.
- Als kommunikative Aktivitäten sollen *Closers* den Schülern verdeutlichen, dass es letztlich das Ziel des Englischunterrichts ist, mit anderen in der Fremdsprache über interessante Themen zu reden.
- Schließlich bieten diese Aktivitäten als „Lückenfüller" die Möglichkeit, evtl. peinliche „Situationen der Leere" am Stundenende zu verhindern, wenn die Arbeit am Thema unerwartet früh beendet ist. Deshalb werden hier Aktivitäten vorgestellt, die problemlos jederzeit beendet oder auch ausgedehnt werden können.

Tipps

Nur sehr erfahrene Lehrer mit einer Vielzahl an Aktivitäten im Kopf und der Fähigkeit, sie ad hoc der jeweiligen Situation anzupassen, können geeignete *Closers* spontan „aus dem Hut zaubern". *Closers* sollten daher in die Unterrichtsplanung von vornherein einbezogen werden (auch wenn sich ihr Einsatz dann vielleicht erübrigt). Und sie müssen jederzeit abgebrochen werden können, ohne dass der Eindruck entsteht, die Stunde sei unvollendet, denn das könnte ein Gefühl der Enttäuschung bei den Schülern hervorrufen.

AKTIVITÄTEN

6 How well do you know your teacher? – spontanes Fragen üben

freies Formulieren von Entscheidungsfragen

 5.–10. Klasse

 1–5 Minuten

Durchführung
Der Lehrer schreibt nach und nach Zahlen und Adjektive an die Tafel. Nach jeder Zahl bzw. nach jedem Adjektiv versuchen die Schüler, durch Entscheidungsfragen zu erraten, was die Zahl/das Adjektiv mit dem Leben des Lehrers zu tun haben könnte, z. B. *„red" → „Have you got a red car? Is red your favourite colour?..." bzw. „1,632" → „Have you got 1,632 books at home? Are you 1,632 years old because you are a vampire? ..."* Unsinnsfragen der Schüler erhöhen den Spaß und sollten nicht abgewürgt werden.

7

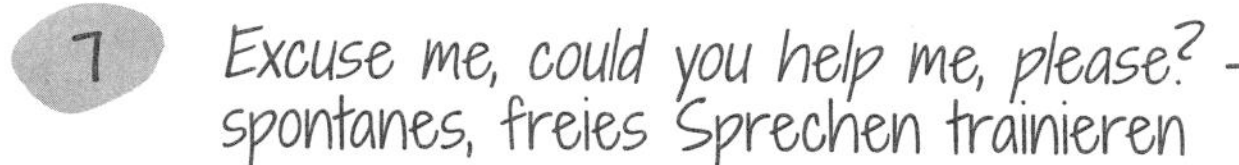

Excuse me, could you help me, please? – spontanes, freies Sprechen trainieren

 spontanes, freies Sprechen (Ratschläge geben)

 8.–10. Klasse

 2–7 Minuten

 ggf. Blatt Situationsbeschreibung für die Dokumentenkamera

Durchführung
Der Lehrer teilt die Klasse in zwei Gruppen ein: Hilfesuchende und Helfer. Er stellt anschließend kurz (mündlich und via Dokumentenkamera) eine unangenehme Situation dar, in der die Hilfesuchenden sich befinden, z. B.: *„You bought five kilos of fish for a dinner party and put the fish into your car. But you had to do some more shopping. When you came back to your car, you couldn't find your car key – you must have lost it*

somewhere ... It's a very hot summer day and you are afraid of what the fish might do to your car. Ask for help!"
Die Hilfesuchenden gehen in der Klasse umher, sprechen verschiedene Helfer an und schildern ihr Problem noch einmal kurz in eigenen Worten, bevor sie um Rat und Hilfe bitten. Steht anschließend noch Zeit zur Verfügung, können diese Vorschläge vorgestellt und besprochen werden.
Sind die Schüler bereits an freies Sprechen gewöhnt, kann der Lehrer ihnen auch Karten mit unterschiedlichen Problemen geben, die spontanes Reagieren erfordern.

8 It's a bargain! – Vorschläge mittels Hilfsverben artikulieren

 spontanes, freies Sprechen (Vorschläge), *modal auxiliaries* anwenden

 7.–10. Klasse

 2–5 Minuten

 verschiedene Gegenstände

Durchführung
Der Lehrer erklärt, dass er einige Gegenstände auf einem Flohmarkt verkaufen möchte, aber nicht weiß, wie er diese Objekte anpreisen und mögliche Interessenten vom Wert überzeugen kann. Er zeigt nach und nach verschiedene Gegenstände (z. B. einen alten Wecker, einen Gartenzwerg, einen kleinen Plastikblumenstrauß etc.) und bittet die Schüler um Vorschläge. Ist der Gebrauch der Hilfsverben noch nicht gefestigt, empfiehlt es sich, mögliche Anfangsphrasen an der Tafel als Hilfestellung anzubieten, z. B.: *„I think you could/should ... Perhaps you could ..."*

9 How well do you know your neighbour? – Fragen beantworten

 Vermutungen formulieren

 6.–10. Klasse

 2–7 Minuten

Durchführung
Der Lehrer stellt Fragen, die sich auf den Lebensbereich der Schüler beziehen, z. B.: *„What is your favourite TV-show? What do you do on Friday afternoons? What would you do if you overslept and were late for a job interview? …"* Die Schüler versuchen zu erraten, wie ihr Banknachbar die Frage beantworten würde, und teilen ihm dann ihre Vermutung mit. Der Partner bestätigt oder korrigiert (mit Begründung) die Vermutung und teilt anschließend seinem Banknachbarn seine Vermutung bzgl. dessen Verhalten mit. Haben sich beide Partner ausgetauscht, stellt der Lehrer die nächste Frage.

KOMMUNIKATIVE
ZWISCHENSPIELE

HINWEISE ZUM EINSATZ IM UNTERRICHT

Kurzbeschreibung

Kommunikation in der Fremdsprache findet für die meisten Schüler vorwiegend im Klassenzimmer statt, wobei der Lehrer sowohl Kommunikationspartner als auch Sprachmodell ist und den Schülern demonstrieren soll: So spricht man auf Englisch in dieser Situation miteinander. Aufgrund der beschränkten Unterrichtszeit sollte jede Chance für ein spontanes Gespräch genutzt werden, sobald sich dazu die Gelegenheit bietet, zumal sich manche dieser Gesprächsformen (z. B. *small talk*, Sticheleien, ironischer Schlagabtausch) kaum planen lassen, sondern sich vielmehr (häufig unerwartet) aus der Situation heraus ergeben. Was diese (Kurz-)Gespräche so wertvoll macht, ist die Doppelrolle, die Schüler dabei einnehmen: Zwar sind sie auch hier „Lerner" (von Kommunikationsverhalten), aber sie sind auch Gesprächspartner, die Englisch für ihre Inhalte verwenden und dadurch die Sprache realitätsnah gebrauchen. Für die langfristige Motivation zum Fremdsprachenlernen ist die häufige Verwendung der Fremdsprache zur Mitteilung eigener (d. h. für den Sprecher relevanter) Äußerungen von entscheidender Bedeutung.

Tipps

Die Chancen für spontane kommunikative Zwischenspiele werden manchmal nicht erkannt. Noch häufiger werden sie jedoch wahrscheinlich bewusst ignoriert, da sie die zeitliche Planung bedrohen könnten und als „Bremser" wahrgenommen werden. Dieses Kapitel will deshalb anhand einiger „Fallbeispiele" den Blick für Situationen schärfen, aus denen sich kommunikative Zwischenspiele ergeben können, die nicht nur Kommunikation üben, sondern auch Spaß machen.

AKTIVITÄTEN

10 Small talk – kommunikative Standardsituationen meistern

spontanes, freies Sprechen

5.–10. Klasse

1–5 Minuten (je nach Situation)

Durchführung
Im Englischunterricht kommen immer wieder Situationen vor, in denen der Lehrer vorsichtig ausloten muss, ob sich aus ihnen mehr als lediglich ein bis zwei Kurzantworten ergeben können, z. B.:

* der übliche *small talk* zu Stundenbeginn, z. B.: *„Did you have a nice weekend?“*
* das Zuspätkommen mehrerer Schüler, z. B.: *„What went wrong?“*
* nicht gemachte Hausaufgabe, z. B.: *„Was it too difficult for you?“*
* unruhige und aufgekratzte Schüler, z. B.: *„Are you expecting another horrible maths test or what is the matter with you?“*
* Etc.

Hier muss der Lehrer durch sensibles Nachfragen, Kommentieren, Einbringen eigener Erfahrungen und ermutigendes Feedback die Gesprächsbereitschaft der Schüler erkunden. Auf Schüleräußerungen sollte er durch rechtzeitige Hilfestellung (bei Wortschatzdefiziten) und indirekte Korrektur (d. h., sprachlich falsche Äußerungen richtig wiederholen) als helfender Gesprächspartner und nicht als korrigierender Lehrer reagieren.

11 Spontaneity! – Gesprächsanlässe im Unterricht nutzen

spontanes, freies Sprechen

5.–10. Klasse

1–3 Minuten

Durchführung

Manchmal bieten Schüler ungewollt die Chance zu einem Kurzgespräch, wenn sie während des Übens von einem eingefahrenen Schema abweichen, besonders witzig und originell sein wollen etc. Folgendes Beispiel zeigt das kommunikative Potenzial einer solchen Situation:

Der Lehrer übt mit den Schülern Konditionalsätze. Dazu gibt er verschiedene Satzanfänge vor, z. B.: *„If I met George Clooney, …", „If I were ten years younger, …"* Diese müssen von den Schülern zu einem vollständigen Satz fortgeführt werden.

Ein Schüler beendet z. B. den Satz *„If I were president of this country, …"* mit: *„… I'd close this school."* Hier bietet sich dem Lehrer die Gelegenheit zu einem kurzen kommunikativen Zwischenspiel, indem er z. B. fragt: *„Oh, would you? What's wrong with our school?"* So kann er die Ebene der Grammatikübung kurz verlassen, mit diesem Schüler (und vielleicht auch mit anderen) ein nicht ganz ernstes Kurzgespräch über dessen/deren Sicht führen und anschließend wieder zur Übung zurückkehren. Diese Zwischenspiele führen im Laufe der Zeit bei den Schülern nicht nur zu mehr Mut und Routine beim freien Formulieren, sie lockern zudem das Übungsgeschehen auf und reduzieren die Gefahr der Übungsmonotonie.

12 You don't like homework? – Alltagsprobleme zum Gesprächsanlass ausbauen

 spontanes, freies Sprechen, argumentieren

 6.–10. Klasse

 1–5 Minuten

Durchführung

Die Situation ist vertraut: Der Lehrer kündigt Hausaufgaben an und es geht wie üblich ein Stöhnen durch die Klasse. Der Lehrer könnte das Stöhnen ignorieren oder es kurz kommentieren (was wahrscheinlich auf Deutsch erfolgt: „Stellt euch nicht so an, so schlimm wird's schon nicht!"). Er kann es aber auch zu einem kurzen Schlagabtausch in der Fremdsprache nutzen, z. B.: *„So you don't like homework … Well, give me five reasons for not giving you any homework."* Je nach Charakter des Gesprächs – ernsthafte Argumentation oder spaßhaftes Geplänkel – kehrt der Lehrer zur geplanten Hausaufgabenstellung zurück oder modifiziert sie unter Umständen als Ergebnis des Gesprächs. Im letzteren Fall demonstriert er den Schülern, dass diese mit ihren Äußerungen in der Fremdsprache ganz konkrete, für sie wichtige Ziele erreichen können.

AUSSPRACHE UND INTONATION ÜBEN

HINWEISE ZUM EINSATZ IM UNTERRICHT

Kurzbeschreibung

Der Ausspracheerwerb ist ein komplexes und schwieriges Feld. Er wird stark bestimmt von der Motivation und der Einstellung des jeweiligen Schülers zur fremden Kultur und Sprache. Der Erwerb einer guten Aussprache setzt bis zu einem gewissen Grad die bereitwillige Identifikation mit der fremden Kultur und ein positives Selbstkonzept als Fremdsprachenlerner voraus, denn wir müssen akzeptieren, dass wir zu Beginn des Fremdsprachenerwerbs letztlich in die Zeit unserer frühen Kindheit zurückkehren: Wir können uns kaum verständigen, werden immer wieder mit Unverständlichem konfrontiert und müssen mühsam ein neues und ungewohntes Lautsystem erlernen. Dabei müssen wir teilweise lange mit manchen Lauten experimentieren, bis wir sie beherrschen. Aussprachefehler kommen dabei zwangsläufig vor und können den Lerner der Lächerlichkeit aussetzen, denn oft klingen Aussprachefehler „lustig“ und erfolgen in der Öffentlichkeit des Klassenzimmers mit zahlreichen – und nicht immer rücksichtsvollen – Zuhörern. Eine sensible und umsichtige Handhabung der Ausspracheschulung ist daher wesentlich, um einerseits Angst vor Blamage und damit evtl. langfristig Sprechunwilligkeit zu verhindern und um andererseits eine hohe Übungsintensität zu erreichen. Diese ist erforderlich, da beim Ausspracheerwerb auch neue Bewegungsabläufe (nämlich der Artikulationsorgane) geübt werden müssen und nicht nur neues Wissen erworben wird.

Tipps

* Ausspracheerwerb beginnt mit dem (bewussten) Wahrnehmen und Speichern der Aussprache, z. B. durch das mehrmalige deutliche Vorsprechen der Wörter bei der Wortschatzvermittlung, denn nur das, was gespeichert wird, kann anschließend beim Sprechen auch wieder abgerufen werden.
* Laute ohne Entsprechung im muttersprachlichen Lautsystem (z. B. /th/ im Englischen) und scheinbare Ähnlichkeiten (z. B. /v/, /w/) erfordern nicht nur Erklärungen, sondern beim Üben zudem konkrete Hilfestellung, um Besonderheiten der Artikulation auch physisch nachvollziehen zu können (z. B. die Artikulation eines /u/ vor einem /w/, um die notwenige Lippenrundung zu verdeutlichen).
* Aussprache wird vorwiegend über die Imitation eines guten Modells gelernt. Dieser Lernprozess ist von Anfang an von Fehlern begleitet. Deshalb muss der Lehrer vor allem in der frühen Lernphase mit großer Sensibilität korrigieren. Die Schüler sollten zudem den Schutz des Übens in der Gruppe genießen, bis sie sich sicher fühlen.
* Das intensive Üben kritischer Laute, die besonders fehlergefährdet sind, birgt die Gefahr der Monotonie. Die Schüler üben bereitwilliger, wenn es in einem spielerischen Rahmen durchgeführt wird, z. B. mit *Tongue twisters*.
* Der Ausspracheerwerb der Schüler vollzieht sich unterschiedlich schnell. Daher ist es sinnvoll, das Üben der Aussprache immer wieder zu individualisieren, z. B. über Hörtexte für zu Hause oder PC-Programme, z. B. Pronunciation Coach 2.0.0 etc.

AKTIVITÄTEN

13 Echo – Aussprache einzelner Wörter trainieren

 genaue Imitation des Lehrermodells

 5.–6. Klasse

5–7 Minuten

Durchführung

Die Schüler stehen in Gruppen von maximal sechs bis acht Schülern in den vier Ecken des Klassenzimmers, der Lehrer befindet sich in der Mitte des Raums. Er bildet mit den Händen einen weiten Trichter vor dem Mund und ruft einer Gruppe möglichst deutlich ein Wort oder einen kurzen Satz zu. Die Gruppe ruft als Echo das Gehörte, ebenfalls möglichst deutlich, zurück. Dann wendet sich der Lehrer der nächsten Gruppe zu. Etc.

14 Tongue twisters – Aussprache einzelner Laute üben

 korrekte Artikulation kritischer Phoneme

 5.–6. Klasse

 5–8 Minuten

 Arbeitsblätter mit Zungenbrechern zu schwierige Phonemen

Durchführung

Der Lehrer entwirft eine Reihe von Zungenbrechern, die sich jeweils auf zwei ähnliche und schwierige Phoneme beziehen, z. B.:

- /s/ und /th/: *„Sixteen thin sisters threw sixty-three silvery things into the filthy sea."*
- /w/ und /v/: *„White vampires wanted to video a willing viper while visiting a vegan witch."*
- /s/ und /z/: *„Seven crazy birds surprised a dozen sleepy worms sitting in the sun."*

Jeder Schüler erhält einen Zungenbrecher und übt ihn zusammen mit einem Partner ein, der den gleichen Satz erhalten hat. Sobald die beiden ihn fehlerlos vortragen

können, suchen sie ein Paar mit einem anderen Zungenbrecher. Sie tauschen die Sätze und üben erneut in Kooperation mit ihrem Partner den neuen Zungenbrecher ein. In dieser Phase ist es sehr wichtig, dass der Lehrer umhergeht, den Schülern zuhört und gegebenenfalls sorgfältig korrigiert.
Am Ende der Übung können Freiwillige einen Zungenbrecher ihrer Wahl vor der Klasse vortragen.

15 Prick your ears! – kurze Dialoge nachsprechen

 genaue Imitation des Aussprachemodells

 5.–7. Klasse

 8–12 Minuten

 dialogischer Hörtext, Arbeitsblatt mit dem Hörtext

Durchführung
Der Lehrer präsentiert über Tonträger einen kürzeren dialogischen Text von ca. zehn bis zwölf Zeilen Länge, der den Schülern bereits bekannt sein oder zumindest keine neuen Sprachelemente (Wörter, Grammatik) enthalten sollte. Der Lehrer weist die Schüler vorweg darauf hin, dass sie sich beim Hören auf die Aussprache konzentrieren sollen. Der Text wird den Schülern mit einer Pause nach jedem kurzen Sinnabschnitt (nicht länger als sechs Wörter) präsentiert. Dabei lesen die Schüler die schriftliche Version des Texts mit und wiederholen in den Pausen laut den gehörten und gelesenen Textabschnitt.
Beim zweiten Hördurchgang schließen die Schüler nun die Augen, konzentrieren sich völlig auf die Wahrnehmung der Aussprache und wiederholen in den Hörpausen erneut die gehörten Textstellen – dieses Mal ohne die Unterstützung durch das Lesen. Anschließend üben die Schüler durch Rollenübernahme zusammen mit einem Partner den gehörten Text als Dialog ein (dabei darf der schriftliche Text herangezogen werden). Am Ende der Übung können Freiwillige den Dialog vor der Klasse präsentieren.

16 Talking hands – Intonation imitieren und nachvollziehen können

 wichtige Intonationsmuster erkennen und üben

 5.–8. Klasse

 8–15 Minuten (je nach Anzahl und Länge der notwendigen Erklärungen)

 dialogischer Hörtext

Durchführung
Der Lehrer weist die Schüler auf die Bedeutung der Intonation in Gesprächen hin und verdeutlicht z. B. anhand des Ausrufs *„Oh, great!"*, dass die Intonation entweder höfliches Interesse (bei ansteigender Intonation) oder unhöfliches Desinteresse (bei fallender Intonation) ausdrücken kann. Dann präsentiert der Lehrer einen Dialog über Tonträger und verdeutlicht dabei die Intonation durch entsprechende Armbewegungen. Anschließend hören die Schüler den Dialog erneut, diesmal jedoch in kurzen Sinnabschnitten (maximal fünf bis sechs Wörter) mit Pausen dazwischen. In den Pausen sprechen die Schüler den gehörten Abschnitt mit möglichst genauer Imitation der Intonation nach und führen dabei die entsprechenden Armbewegungen aus. Abschließend bilden jeweils drei Paare eine Gruppe. Von jedem Paar trägt ein Schüler den Text vor, der andere verdeutlicht die Intonation durch Armbewegungen. Die anderen Schüler der Gruppe analysieren kritisch, ob die Intonation angemessen ist. Sinnvollerweise sollte jeder Gruppe für den Vergleich mit dem Original eine Tonaufnahme des Textes zur Verfügung stehen. Hierbei können Smartphones (deren Einsatz für sinnvolle didaktische Zwecke in Schulen erlaubt sein sollte) verwendet werden, sofern die Sprecher eine geringe Distanz zum Mikrofon einhalten.

SPRECHFLÜSSIGKEIT:
DAS NOTWENDIGE
SPIELERISCH TRAINIEREN

HINWEISE ZUM EINSATZ IM UNTERRICHT

Kurzbeschreibung

Wer sich in einer Fremdsprache flüssig (und ohne allzu viele sprachliche Fehler) äußern kann, gilt als kompetenter Sprecher dieser Sprache. Aber welche Faktoren sind entscheidend für „flüssiges Sprechen"?
Die Grundlage ist zunächst ein Wortschatz, der so umfangreich ist, dass er es dem Sprecher erlaubt, in angemessener Weise und ohne häufiges Suchen nach Umschreibungsmöglichkeiten über ein Thema zu reden. Zudem müssen Wortschatz und Grammatik so gut gespeichert und vernetzt sein, dass ein schnelles Abrufen möglich ist. Es müssen aber neben Einzelelementen wie Wörtern auch schnell die (passenden) Kombinationsmöglichkeiten, deren Übung auch Teil der Wortschatzarbeit sein sollte, abgerufen werden können. Schließlich muss die Aussprache gesichert sein, d. h., die Bewegungsabläufe der Artikulationsorgane müssen hoch automatisiert sein, um stocken, verhaspeln und zögern aus Unsicherheit zu verhindern. Dies bedeutet letztlich, dass Sprechflüssigkeit weitgehend von einer effektiven Wortschatzarbeit abhängt.

Tipps

Die folgenden methodischen Prinzipien sind die Voraussetzung für flüssiges Sprechen in der Fremdsprache:

* eine systematische und umfangreiche Wortschatzarbeit im Allgemeinen und die Reaktivierung des themenspezifischen Vokabulars vor der jeweiligen Sprechaktivität
* die systematische Verknüpfung von Wortschatz- und Grammatikarbeit, z. B. der Wortschatz für Hobbies mit dem Gerund: *„I enjoy playing with the dog but I hate hiking in the mountains."*
* intensives Üben, das gelegentlich auch unter spielerischem Zeitdruck erfolgen kann, z. B.: „Wer kann in 20 Sekunden die meisten Urlaubserlebnisse erzählen?" *„You've got 20 seconds: Who can tell us/his/her neighbour the biggest number of interesting things whichs happened during the holiday?"*
* die Vermittlung von Strategien für das Füllen von Pausen, die dazu dienen, die Planung der Inhalte und/oder Formulierungen fortzusetzen oder zu ändern, z. B.: *„Well .../I mean .../Let me think .../Etc."*

Übungen zum Trainieren der Sprechflüssigkeit konzentrieren sich zunächst auf das reproduktive Sprechen, das bekannte *chunks* verknüpft und flüssiges Artikulieren längerer Äußerungen automatisiert.
Als nächster Schritt bieten sich einfache *information gap activities* an, die einerseits auf gründlich geübtem Sprachmaterial basieren, andererseits aber auch in bescheidenem Ausmaß neue, bisher noch nicht geübte Kombinationen von Wörtern innerhalb vertrauter Strukturen erfordern, z. B.: *„There is/are ... xx near/under/on ... yy ..."*)

Als dritter Schritt stellen Zusammenfassungen von gehörten oder gelesenen Informationen bereits hohe Anforderungen an den Automatisierungsgrad des Abrufens, Kombinierens und Strategieneinsatzes, da hier die Inhaltsebene viel Aufmerksamkeit des Sprechers erfordert.
Die folgenden Beispiele beschränken sich auf einfachere Übungsformen, da sich Beispiele zu den höheren Anforderungsstufen in späteren Kapiteln dieses Buches befinden (s. S. 64–85) und z. B. das reproduktive Sprechen im Fremdsprachenunterricht häufig eher unter dem Aspekt der Grammatikeinübung betrachtet wird.

AKTIVITÄTEN

17 Can you remember? – Dialoge aus dem Gedächtnis flüssig wiedergeben

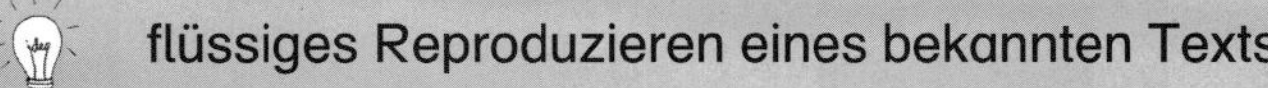
flüssiges Reproduzieren eines bekannten Texts

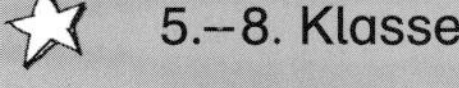
5.–8. Klasse

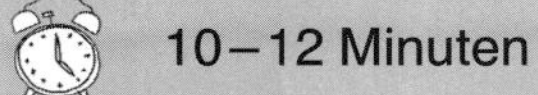
10–12 Minuten

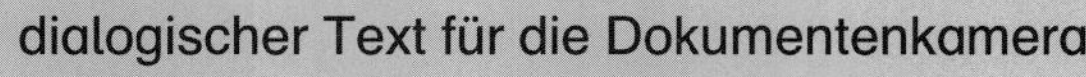
dialogischer Text für die Dokumentenkamera

Durchführung
Der Lehrer projiziert einen bereits erarbeiteten dialogischen Text von ca. zehn bis zwölf Zeilen Länge an die Wand und liest ihn vor. Anschließend lesen ihn die Schüler halblaut jeder für sich. Stockt ein Schüler beim Lesen eines Satzes, so liest er ihn noch einmal – Ziel ist das möglichst flüssige laute Lesen.
Dann entfernt der Lehrer aus jedem Satz ein bis drei Wörter (z. B. die Objekte). Die Schüler lesen den lückenhaften Text erneut halblaut und möglichst flüssig und versuchen dabei, die fehlenden Elemente (mündlich) zu ergänzen. Ein anschließender gemeinsamer Durchgang mit einem Freiwilligen soll demonstrieren, dass bei dieser Übung alle sprachlich und inhaltlich sinnvollen Lösungen akzeptabel sind und eine penibel wortgetreue Wiedergabe nicht unbedingt erforderlich ist.
Im nächsten Schritt entfernt der Lehrer weitere Textteile (z. B. die Verb-Adverb-Verbindungen (*„she smiled happily"*, *„he quickly shut the door"*) oder Orts-/Zeitangaben etc.). Je nach der Konzentrationsfähigkeit der Klasse kann der Text bis auf ein Schlüsselwort pro Satz eliminiert werden. Wenn der Text jedoch nur noch stockend reproduziert werden kann, verfehlt die Übung ihren Zweck des Flüssigkeitstrainings und sollte abgebrochen werden.

18 Yesterday I bought ... – mit „Ich packe meinen Koffer ..." Wortschatz mündlich auffrischen

 schnelles Kombinieren von Mengenangaben und Lebensmittelbezeichnungen

 5.–7. Klasse

 5–7 Minuten

Bilder mit Lebensmitteln und deren Menge

Durchführung

Der Lehrer gibt den Satzanfang *„Yesterday I bought ..."* vor und präsentiert an der Tafel oder via Projektion ein Bild, das ein Lebensmittel und die jeweilige Menge zeigt, z. B. drei Bananen, eine Flasche Milch, zwei Packungen Kekse etc. Ein Schüler formuliert zunächst den Satz: *„Yesterday I bought three bananas."* Der Lehrer entfernt dieses Bild und präsentiert das nächste, woraufhin ein zweiter Schüler den erweiterten Satz formuliert: *„Yesterday I bought three bananas and a bottle of milk."* Nach diesem Prinzip wird der Ausgangssatz durch stets neue Elemente verlängert, bis ein Schüler nicht mehr alle Produkte aufzählen kann (Ist eine Klasse sehr unsicher im Formulieren, kann auf das Entfernen der Bilder verzichtet werden.). Nun kann eine neue Serie mit anderen Bildern oder einer veränderten Reihenfolge der bisherigen Bilder begonnen werden.

Diese bekannte Übung ermöglicht vielfältige Abwandlungen je nach angestrebtem Wortschatz- oder Grammatikbereich. So können die Sätze z. B. auch im *going-to-future* oder im Konditional *(„If I had enough money, I would buy ...")* formuliert werden. Bei entsprechender Sprachkompetenz und Konzentrationsfähigkeit der Schüler können die Bilder auch Handlungen zeigen und so zu anspruchsvollen komplexeren Äußerungen führen, z. B.:

Bild 1 → *„Last Monday Mr Douglas left his house ..."*
Bild 2 → *„... and walked along the street,"*
Bild 3 → *„then he went across a bridge ..."*
Bild 4 → *„and there he saw a cat on a tree ..."*

19 Now tell us … – ein Survey durchführen und präsentieren

 Zusammenfassung gehörter Informationen

 5.–10. Klasse

 10–12 Minuten

 Arbeitsblatt mit Survey-Fragen

Durchführung

Die Schüler führen im Klassenzimmer ein Survey durch. Zu diesem Zweck erhalten sie ein Arbeitsblatt mit Fragen, z. B.: „*What is your favourite food? Have you got a pet? What are your hobbies? Etc.*" Die Schüler gehen im Klassenzimmer umher, stellen ihre Fragen mindestens zwei Mitschülern und tragen deren Namen und die Antworten (in Stichwörtern) auf das Arbeitsblatt ein. Anschließend bilden die Schüler Vierergruppen, lesen ihre Aufzeichnungen und proben leise die Formulierung der erhaltenen Informationen. Dann berichten sie den anderen Gruppenmitgliedern möglichst flüssig, was sie von ihren Mitschülern erfahren haben, z. B.: „*I interviewed Ole and Mia. Ole's favourite food is pizza. He has got two cats …*" Der Lehrer sollte die Schüler darauf hinweisen, dass sie nicht in der indirekten Rede berichten sollten (außer dieser Grammatikbereich wird bereits sicher beherrscht).

Auch dies ist eine sehr flexible Sprechaktivität, die problemlos verschiedenen Themen und Sprachkompetenzniveaus angepasst werden kann. So können z. B. in der 9. oder 10. Klasse mit dem Survey-Verfahren Meinungen zu verschiedenen aktuellen Fragestellungen (z. B. Hooligans in Fußballstadien, Alkoholverbot in Bahnhofsbereichen, …) eingeholt werden, die abschließend zusammenfassend dargestellt werden.

20 Which picture is next? – Bildergeschichten nacherzählen

schnelles Abrufen von Wortschatz und Strukturen,
flüssiges Formulieren einer Bildergeschichte

6.–8. Klasse

5–7 Minuten

Arbeitsblätter mit Bildergeschichte, 1 Mal in der richtigen Reihenfolge,
1 Mal als ungeordnete Einzelbilder

Durchführung
Die Schüler arbeiten in Paaren. Schüler A erhält eine Bildergeschichte, Schüler B erhält die gleiche Bildergeschichte in ungeordneten Einzelbildern, er darf die kohärente Bilderfolge der Geschichte nicht sehen. Die Bildergeschichte sollte so gewählt werden, dass die Einzelbilder nicht ohne Weiteres aufgrund der Bildinformation in die richtige Reihenfolge gebracht werden können. Das Arbeitsblatt für Schüler A sollte mit einem Einleitungssatz die Zeitform festlegen, z. B.: *„On a warm and sunny afternoon in 2019 Mr Pearson left ...“* Die Schüler erhalten 1 bis 2 Minuten, um sich mit den Bildern vertraut zu machen und den notwendigen Wortschatz abzurufen. Dann erzählt Schüler A möglichst flüssig die Handlung der Bildergeschichte. Schüler B versucht, parallel zur Erzählung mithilfe des Gehörten seine Einzelbilder in die richtige Reihenfolge zu bringen. Anschließend überprüfen beide die Richtigkeit der Bilderfolge.

WORTSCHATZ
KOMMUNIKATIV
ÜBEN

HINWEISE ZUM EINSATZ IM UNTERRICHT

Kurzbeschreibung

Kommunikation verläuft umso erfolgreicher, je mehr die Sprecher auf einen umfangreichen Wortschatz zurückgreifen können, den sie passend zu ihren Äußerungsabsichten abrufen können. Jeder Fremdsprachenlerner, der nicht ständig von der Fremdsprache umgeben ist, führt jedoch einen permanenten Kampf gegen das Vergessen von Wörtern, denn alles, was nicht regelmäßig wiederholt wird, ist schnell wieder aus dem Gedächtnis verschwunden. Wortschatz muss daher in regelmäßigen Abständen wiederholt werden und dieses wiederholende Üben muss, um effektiv zu sein, motivierend und ökonomisch erfolgen, sonst wird es von Schülern nicht oder nur widerwillig akzeptiert.

Was macht das Üben von Wortschatz motivierend? Im Wesentlichen geht es darum, den Schülern den praktischen Nutzen des Wortschatzes in ihrem Leben aufzuzeigen, d. h., es geht darum, möglichst lebensnahe Anwendungssituationen zu schaffen, die für die Schüler Relevanz haben. Da dies im Klassenzimmer nicht immer möglich ist, bieten sich spielerische Aktivitäten an, welche die Arbeitslast des Übens hinter dem Spaß an der Tätigkeit zurücktreten lassen. Gleichzeitig sollte wiederholendes Üben eine möglichst vielseitige Vernetzung des Wortschatzes fördern, denn dies ist die Voraussetzung für ein schnelles Abrufen. Daher muss der Wortschatz in den Sprechaktivitäten möglichst in (interessanten) Kontexten angewendet und, wann immer möglich, auch mit konkreten Handlungen verknüpft werden. Zudem sollte der Wortschatz systematisch, d. h. in inhaltlichen Zusammenhängen, wiederholt werden, also in Wort-, Sach- und thematischen Feldern, da dies den natürlichen Ordnungsprinzipien des mentalen Lexikons entspricht. Weil diese Übungsprinzipien gleichzeitig wichtige Strategien für das selbstständige Lernen von Wortschatz darstellen, sollte der Lehrer dies auch deutlich herausstellen.

Tipps

Jede Wiederholungsaktivität hängt sehr stark von der jeweiligen Art des Wortschatzes ab. Konkrete Wörter erfordern eine andere Aktivität als abstrakte Wörter, Verben können anders geübt werden als Substantive oder Adjektive. Die für dieses Kapitel ausgewählten Aktivitäten bauen auf einigen wenigen Prinzipien auf (z. B. raten, *information gap*, kreative Textproduktion etc.), jedoch müssen die notwendigen Materialien und das konkrete Verfahren dem jeweiligen Wortschatz angepasst werden (vgl. *What's different now?*: Sollen statt der Schulgegenstände Möbel und andere Objekte eines Zimmers wiederholt werden, so sollten die Realien durch Bilder ersetzt werden, das Verfahrensprinzip bleibt jedoch gleich.). Auf diese Weise werden die vorgeschlagenen Aktivitäten zu einem flexiblen und vielseitig einsetzbaren Instrumentarium der Wortschatzwiederholung.

AKTIVITÄTEN

21 What's different now? – Gegenstände aus dem Schulalltag memorieren und kommunikativ wiederholen

Wiederholung der Ortspräpositionen und der Bezeichnungen für schulische Gegenstände

5.–6. Klasse

6–8 Minuten

Durchführung
Dies ist eine Aktivität, die viele Schüler in leicht veränderter Form („*What's missing?*") bereits aus dem Englischunterricht der Grundschule kennen. Die Schüler arbeiten in Paaren zusammen. Schüler A legt ca. acht bis zehn schulische Gegenstände neben- und übereinander in die Mitte des Tisches (Bücher, Federmäppchen, Lineal, Bleistift etc.). Schüler B versucht, sich die Anordnung der Objekte einzuprägen, und schließt dann die Augen. Jetzt verändert Partner A bei einigen Objekten die Position (z. B. Radiergummi unter das Englischbuch, Lineal auf das Federmäppchen …) und sagt anschließend zu Partner B: „*Open your eyes, please. What's different now?*" Partner B benennt die Veränderungen, erhält Feedback bezüglich der Richtigkeit und schließt erneut die Augen für den nächsten Durchgang. Nach mehreren Durchgängen erfolgt ein Rollentausch, bei dem auch ein Teil der Objekte durch andere ersetzt werden sollte.

22 Where did the cat go? – einem Partner einen Weg beschreiben

Wiederholung der Bewegungsverben im simple past, Wiederholung der Ortspräpositionen, Wiederholung der Wörter zum Themenfeld *garden/park*

5.–6. Klasse

4–6 Minuten

Bild/Karte eines Gartens mit vielen Elementen

Durchführung
Die Schüler arbeiten in Paaren. Jeder Schüler erhält das Bild/die Karte eines Gartens, der viele Elemente aufweisen sollte (z. B. Bäume, Sträucher, Mauer, Teich, Gartenmöbel etc.). Schüler A überlegt kurz, welchen möglichst abwechslungsreichen Weg eine Katze durch den Garten nehmen könnte, und zeichnet den Verlauf des Weges in sein Bild/seine Karte ein, ohne dass sein Partner dies sieht. Dann beschreibt er den Spaziergang der Katze durch den Garten, z. B.: *„First the cat walked/walks around the pond. Then it jumped/jumps onto the little wall …"*) Die Verwendung der Zeitformen und der Strukturierungswörter *then* und *after that* sind dabei natürlich von der Sprachkompetenz der Schüler abhängig. Schüler B zeichnet den Weg der Katze in sein Bild/seine Karte ein und fragt bei unklaren Angaben nach. Abschließend vergleichen die Partner, ob die Wege der Katze auf beiden Bildern/Karten übereinstimmen und tauschen dann die Rollen.
Dies ist ein sehr flexibles Verfahren, das nebenbei auch das Üben verschiedener *tenses* (*simple past, simple present, present progressive*), das Üben von Entscheidungsfragen (*„Did the cat walk …?"*) und von *short answers* (*„No, it didn't."*) erlaubt.

23 Storytelling – gemeinsam eine Kettengeschichte formulieren

 Wiederholung und Anwendung von kürzlich erarbeitetem Wortschatz

 7.–10. Klasse

 5–8 Minuten

 8–10 DIN-A4-Blätter, Klebeband

Durchführung
Der Lehrer schreibt eine Auswahl von acht bis zehn Wörtern, die in der Woche davor erarbeitet wurden, jeweils auf ein DIN-A4-Blatt. Die Rückseite jedes Blatts versieht er mit einer Zahl. Der Lehrer befestigt die Blätter ungeordnet so an der Tafel, dass nur die Zahl sichtbar ist, und fordert die Schüler auf, ihm eine Zahl zuzurufen. Er dreht das entsprechende Blatt um, sodass das Wort sichtbar wird, und formuliert einen Satz, der dieses Wort enthält und gleichzeitig den Beginn einer Geschichte darstellt. Im Folgenden wählt jeweils ein Schüler eine Zahl, der Lehrer dreht das Blatt um und der Schüler bildet mit diesem Wort einen Satz, der die Geschichte fortsetzt. Derjenige Schüler, der das letzte Wort verwenden muss, hat die Aufgabe, einen möglichst originellen Schluss für die Geschichte zu finden. Dieser darf auch mehrere Sätze umfassen.

In Klassen, die an dieser Aktivität großen Gefallen finden, kann sie auch als Anfangs- oder Schlussritual eingesetzt werden.

24 Find the culprit! – Personen mündlich beschreiben

Wiederholung des Wortschatzbereichs zu Personenbeschreibungen

 7.–9. Klasse

 6–10 Minuten

 3 Bilder von ähnlich aussehenden Personen

Durchführung
Die Schüler arbeiten in Paaren. Schüler A erhält drei Bilder von Personen, die sich in Aussehen und Kleidung nicht allzu sehr voneinander unterscheiden sollten. Schüler B darf diese Bilder nicht sehen. Der Lehrer schildert kurz die Gesprächssituation: Schüler A wurde von einer dieser drei Personen überfallen (Schüler A wählt eines der drei Bilder für die Beschreibung aus.) und soll nun am Telefon dem Polizeibeamten (Schüler B) eine möglichst präzise Personenbeschreibung geben. Zu diesem Zweck stellt Schüler B möglichst viele Fragen zum Aussehen und zur Bekleidung des Täters und notiert die wesentlichen Informationen. Wenn Schüler B genügend Informationen erhalten hat, legt Schüler A ihm die drei Bilder vor und Schüler B muss die beschriebene Person (den Täter) identifizieren.

25 What's this for? – Gegenstände erklären

 Wiederholung von Alltagsvokabular zur Erklärung technischer Begriffe, Übung von Umschreibungsstrategien

 8.–10. Klasse

 8–10 Minuten

 3 Bilder von modernen technischen Geräten

Durchführung

Die Klasse bildet zwei Gruppen: Die Schüler von Gruppe A erhalten die Information, dass sie von einem Planeten mit einer völlig anderen Lebenswelt kommen und jetzt auf der Erde Geräte gesehen haben, deren Funktion und Gebrauch sie sich nicht erklären können. Jeder Schüler dieser Gruppe erhält drei Bilder von modernen technischen Geräten, die im Alltag eine wichtige Rolle spielen (z. B. Smartphone, Überwachungskamera, Thermomix, ...). Diese Schüler gehen im Klassenzimmer umher, zeigen jeweils eines der Bilder vor und lassen sich die Funktion des Geräts von einem Schüler der Gruppe B (Erdbewohner) erklären. Wurde das Objekt zu ihrer Zufriedenheit erklärt, gehen sie zum nächsten Mitschüler, zeigen das zweite Bild vor etc. Wichtig bei diesem Verfahren ist, dass die Schüler von Gruppe A so reagieren müssen, dass sie mit technischen Begriffen nicht vertraut sind, d. h., auch Wörter wie *download, app* etc. werden von ihnen nicht verstanden und müssen deshalb erklärt werden.

GRAMMATIK
KOMMUNIKATIV
ÜBEN

HINWEISE ZUM EINSATZ IM UNTERRICHT

Kurzbeschreibung

Häufig wird Grammatik vorwiegend schriftlich geübt, denn der Gebrauch eines noch nicht verinnerlichten Grammatikphänomens erfordert Nachdenken über die Regel(n) und die Anpassung dieses Phänomens an die Situation und Sprechabsicht. Dieses Arbeitsprinzip des Grammatikunterrichts hat durchaus seine Berechtigung, denn die Anwendung von Grammatik ist eine sehr komplexe Tätigkeit, da hierbei stets zwei Aspekte eine Rolle spielen und richtig sein sollten, nämlich die Form des Phänomens (z. B. die richtige Verbform, die Position des Adverbs etc.) und seine Funktion, d. h., der Grund dafür, dass die Form in dieser Äußerung verwendet wird. Dieses Wissen muss unter dem Zeitdruck der mündlichen Kommunikation blitzschnell abgerufen und in der jeweiligen Situation entsprechend angewendet werden.

Tipps

Wir verwenden Grammatik im Alltag vor allem im spontanen Gespräch, das einen sehr hohen Beherrschungsgrad der Grammatik erfordert – deshalb unterlaufen selbst sehr gebildeten Sprechern beim spontanen Sprechen auch in ihrer Muttersprache Grammatikfehler. Der Grammatikerwerb im Fremdsprachenunterricht erfordert daher sehr viel Übung und Anwendung, soll irgendwann spontanes, flüssiges Sprechen möglich sein. Dafür sind viele unterschiedliche Sprechsituationen notwendig, die möglichst konkret und realitätsnah sein sollten, damit für die Schüler der Zusammenhang zwischen Grammatik und (kommunikativem) Handeln erkennbar wird. Unterschiedliche Formen der Interaktion im Klassenzimmer und spielerische Elemente müssen der Gefahr der Demotivation durch das notwendige intensive Üben entgegenwirken, denn Grammatikunterricht hat bei Schülern häufig keinen guten Ruf und gilt als trocken und langweilig. Nach diesen Prinzipien wurden die folgenden Sprechaktivitäten konzipiert.

AKTIVITÄTEN

26 Skeleton conversation – gestützte Dialoge einüben und präsentieren

 Anwendung verschiedener Fragetypen

 6.–8. Klasse

 5 Minuten

 Arbeitsblatt mit einem Dialog

Durchführung
Die Schüler bilden Paare und besprechen die Rollenverteilung (Sprecher A bzw. Sprecher B). Jeder Schüler erhält ein Arbeitsblatt mit einem Dialog, von dem nur die wichtigsten Inhaltswörter vorhanden sind. Die Schüler überfliegen den Dialog, um den Gesprächsverlauf zu erfassen und um sich passende Formulierungen zurechtzulegen. Dann führen sie den Dialog und ergänzen beim Sprechen die Satzfragmente zu sinnvollen Sätzen. Abschließend werden im Plenum einige Dialoge vorgestellt und dabei Fehler und mögliche Alternativen besprochen.

Beispieldialog

Schüler A: *next Monday/mountain bike tour?*
Schüler B: *Sorry/test/weekend?*
Schüler A: *Yes/Saturday?*
Schüler B: *Fine/where?*
Schüler A: *Blue River Valley?*
Schüler B: *Sounds great/difficult tour?*
Schüler A: *No, not really/fit?*
Schüler B: *Yes/long tour?*
Schüler A: *No, three hours/okay?*
Schüler B: *Yes, no problem.*

27 But … – Personen mit dem going-to-future beschreiben

 Einübung des *going-to-future*

 6.–8. Klasse

8–10 Minuten

Durchführung

Die Schüler erhalten 20 Sekunden Zeit, um eine der Klasse bekannte Person auszuwählen, z. B. ein Mitschüler, Schulpersonal, eine prominente Persönlichkeit, … Sie sollen sich dann einen Satz im *going-to-future* zurechtlegen, der ein Vorhaben dieser Person ausdrückt, z. B.: *„Mr Meier is going to buy a Porsche."* Die anderen Schüler sollen darauf mit Einwänden reagieren, z. B.: *„But he hasn't got enough money to buy a Porsche. / But he hasn't got a driver's licence …"* Die Schüler tragen nacheinander ihre Sätze vor, die Mitschüler äußern jeweils ihre Einwände.

28 What happened to you? – Emotionen mit dem simple past erfragen

 Anwendung des *simple past*

 6.–8. Klasse

 4–6 Minuten

Schilder mit glücklichem, traurigem und wütendem Gesicht

Durchführung

Jeder Schüler erhält ein Schild, das entweder ein glückliches, trauriges oder wütendes Gesicht zeigt. Die Schüler wählen ein Ereignis aus, das zu der auf ihrem Schild dargestellten Gemütsverfassung passt, und überlegen sich, wie sie dieses Ereignis auf Englisch beschreiben können. Anschließend bewegen sie sich im Klassenzimmer umher und fragen jedes Mal, wenn sie einen Mitschüler treffen: *„What happened to you?"* Auf diese Frage muss der befragte Schüler seinem Schild entsprechend im *simple past* antworten, z. B.: wütendes Gesicht → *„Somebody stole my bike yesterday."*

Nach drei bis vier Begegnungen werden die Schilder getauscht, sodass jeder Schüler ein anderes Ereignis finden muss, das seinen Gesichtsausdruck erklärt. Abschließend kann der Lehrer nach den ungewöhnlichsten Ereignissen fragen, welche die Schüler gehört haben.

29 What is your favourite place in town? – Häufigkeiten erfragen

Übung der *adverbs of frequency*

7.–8. Klasse

12–15 Minuten

Arbeitsblatt mit Raster

Durchführung

Die Schüler bilden Vierergruppen. Jede Gruppe erhält das folgende Raster auf einem Arbeitsblatt:

We	*always go to*	______________
	often	______________
	sometimes	______________
	rarely	______________
	never	______________

In der Gruppe besprechen die Schüler, mit welcher Häufigkeit sie bestimmte Plätze ihres Heimat- oder Schulortes aufsuchen, und halten die Ergebnisse auf dem Raster fest. Dabei diskutieren sie auch, warum sie manche Plätze bevorzugen und andere ablehnen. Dann stellen die Gruppensprecher die Ergebnisse der Klasse vor. Dabei sollten die Mitschüler nach den Gründen für bestimmte Frequenzen fragen, z. B.: *„Why do you never go to …?“* Die Gruppensprecher tragen abschließend die Gründe vor.

30 No, that's wrong! – Bilder im present progressive beschreiben

 Anwendung des *present progressive*

 5.–6. Klasse

 6–8 Minuten

 Bild mit mehreren Personen und Tieren, die verschiedene Tätigkeiten ausführen, als OHP-Folie

Durchführung
Der Lehrer projiziert ein Bild an die Wand, das mehrere Personen und Tiere zeigen sollte, die verschiedene Tätigkeiten ausführen. Diese sollten die Schüler auf Englisch ausdrücken können. Der Lehrer beschreibt mit einem Satz eine Tätigkeit, z. B.: *„The cat is climbing over the fence."* Dies kann der Darstellung auf dem Bild entsprechen oder falsch sein. Dementsprechend reagieren die Schüler mit *„Yes, that's right!"* oder korrigieren den Lehrer, z. B.: *„No, that's wrong, the cat is climbing up the tree."* Anschließend erhält jeder Schüler eine Kopie des Bildes oder ein anderes Bild, das den obigen Kriterien entspricht. Die Schüler bilden Paare. Ein Schüler beschreibt entsprechend dem geschilderten Verfahren das Bild, sein Partner korrigiert falsche Aussagen. Danach werden die Rollen getauscht.

31 How to make your dog's life better – Empfehlungen mit modal auxiliaries aussprechen

 Übung von *modal auxiliaries*

 7.–8. Klasse

 10–12 Minuten

 Arbeitsblatt mit Raster

Durchführung
Die Schüler bilden Vierergruppen. Jede Gruppe erhält ein Raster auf einem Arbeitsblatt, in dem der Protokollführer der Gruppe die Vorschläge und Warnungen festhält, auf die sich die Gruppe einigt:

How can you make your dog's life better?

- *You must* ___________________
- *You should* ___________________
- *You could* ___________________
- *You mustn't* ___________________

Der Protokollführer lenkt die Diskussion, indem er jeweils die Ausgangsfrage mit dem entsprechenden *modal auxiliary* stellt und sie dann evtl. modifiziert wiederholt, z. B.: *„What must you do to make your dog's life better? What is absolutely necessary?"* Nach den Gruppendiskussionen stellt jede Gruppe ihre Ergebnisse vor der Klasse vor, der Lehrer überträgt die Vorschläge in Stichwörtern auf ein großes Raster an der Tafel. Abschließend diskutiert er mit den Schülern verschiedene Aspekte der Vorschläge, die bei der Vorstellung nicht zur Sprache gekommen sind, z. B. Begründungen, Realisierbarkeit, eigene Erfahrungen.

KOMMUNIKATIVER UMGANG MIT LEHRBUCHTEXTEN

HINWEISE ZUM EINSATZ IM UNTERRICHT

Kurzbeschreibung

Lehrbuchtexte präsentieren neues Sprachmaterial, das anschließend geübt und angewendet werden soll – ist dies mit motivierenden Sprechaktivitäten in Einklang zu bringen? Häufig bestimmen *questions on the text* die mündliche Arbeit mit diesen Texten. Diese sind zwar durchaus für das Umwälzen von neuem Sprachmaterial geeignet, sie weisen jedoch, vor allem wenn stets der Lehrer die Fragen stellt und diese auch nur auf die Reproduktion von Textteilen abzielen, einen entscheidenden Nachteil auf: Sie reduzieren die Rolle der Schüler auf das Beantworten von *display questions*, d. h. von „unechten" Fragen, bei denen die Antwort dem Fragenden bereits bekannt ist. Diese Art der „Pseudo-Kommunikation" ist außerhalb des Klassenzimmers – außer im Gespräch mit Kleinkindern – kaum vorzufinden. Lehrbuchtexte bieten jedoch ein größeres Potenzial an Kommunikation und ermöglichen ein breiteres Spektrum an Sprechakten als lediglich Fragen und Antworten. Dieses Spektrum sollte möglichst ausgeschöpft werden, um die Schüler frühzeitig an das freie Sprechen heranzuführen und um zu vermeiden, dass die Arbeit mit Lehrbuchtexten mit dem Etikett „langweilig und monoton" versehen wird.

Tipps

Sprechaktivitäten, die auf Lehrbuchtexte bezogen sind, sollten daher drei Anforderungen erfüllen:

- Sie sollten die Verwendung verschiedener Sprechakttypen ermöglichen (Fragen, Antworten, Kommentare, Widersprüche etc.)
- Sie sollten sich nicht auf *display questions* beschränken, sondern auch *real questions* beinhalten, deren Antwort nicht direkt im Text enthalten ist, sondern über Logik, Spekulation, Weltwissen etc. erschlossen werden muss.
- Sie sollten möglichst viel Abwechslung bieten. Denn über Texte kann auch in Form von Interviews, Widerlegung falscher Aussagen, Expertenbefragungen etc. gesprochen werden. Auch auf diese Weise wird das Sprachmaterial der Texte geübt und gleichzeitig methodische Monotonie vermieden.

AKTIVITÄTEN

32 *What is it going to be about?* – Voraussagen über einen Text anstellen

 freies Sprechen (Spekulation)

 6.–10. Klasse

 5–8 Minuten

 Lehrbuchtext, Leitfragen für die Dokumentenkamera, ggf. Bilder zum Text

Durchführung
Bereits bei der Hinführung zum Lehrbuchtext lassen sich verschiedene kommunikative Aktivitäten – je nach Textsorte und Textinhalt – in den Unterricht integrieren, z. B.: Der Lehrer wählt einige Schlüsselwörter des Texts aus, schreibt sie an die Tafel und lässt die Schüler spekulieren,

* was der Inhalt des Texts sein könnte,
* ob sie einen interessanten Text erwarten oder nicht (und warum),
* welche *while-* und *post-reading activities* folgen könnten oder ihrer Meinung nach folgen sollten.

Sinnvollerweise sollte der Lehrer die Leitfragen an die Wand projizieren und den Schülern 2 bis 3 Minuten Zeit geben, um ihre Vermutungen mit einem oder zwei Partnern zu diskutieren, bevor sie das Ergebnis im Plenum vorstellen.
Anstelle von Schlüsselwörtern können auch der Titel des Textes zusammen mit einigen Bildern oder eine Reihe von Geräuschen als Ausgangspunkt der Spekulation dienen.
Eine weitere Möglichkeit könnte die folgende sein: Bietet das Lehrbuch ein komplexes Bild, das einen bedeutenden Aspekt des Texts (z. B. eine Schlüsselszene der Texthandlung) darstellt, so kann dieses Bild, an mehreren Stellen abgedeckt, zusammen mit dem Texttitel präsentiert werden. Die Schüler sollen dann versuchen zu erraten, was sich hinter den abgedeckten Bildteilen verbirgt.

33 Tell me more! – vorab Fragen an einen Text stellen

 spontanes Formulieren von Fragen

 6.–10. Klasse

 6–10 Minuten

Lehrbuchtext

Durchführung
Auch diese Aktivität eignet sich als Hinführung zur Lektüre eines Lehrbuchtexts. Der Lehrer fasst den Text mündlich zusammen, lässt dabei aber wesentliche Teile weg (z. B. Begründungen und Handlungsmotive von Personen, die Folgen von Handlungen und Ereignissen), sodass nur ein sehr „dürrer" Plot der Texthandlung übrig bleibt. Zudem ersetzt er konkrete Informationen über Personen, Zeitpunkte, Orte sowie die Art und Weise, wie etwas geschieht, durch allgemeine, nichtssagende Wörter wie *someone*, *sometime*, *somewhere*, *somehow*. Die Schüler haben die Aufgabe, durch gezielte Fragen möglichst präzise Informationen über den Text zu erhalten. Zu diesem Zweck dürfen sie den Lehrer während seines Vortrags jederzeit unterbrechen.
Anschließend kann der Text in Kooperation aller Schüler möglichst umfassend mündlich rekonstruiert werden *(„What do we now know about the text?")*, bevor abschließend bei der Textlektüre überprüft und diskutiert wird, ob wirklich alle relevanten Informationen erfragt wurden.

34 Is it true? – mit Kurzaussagen Textverständnis prüfen

 Aussagen über einen Text formulieren

 5.–10. Klasse

 8–10 Minuten

 Lehrbuchtext

Durchführung
Die Schüler haben den Lehrbuchtext zusammen mit dem Lehrer erarbeitet und lesen ihn erneut, um den Inhalt möglichst präzise zu erfassen. Anschließend arbeiten die Schüler in Paaren zusammen, wobei jeder der Partner für eine andere Texthälfte zuständig ist und mithilfe von Stichwörtern (keine ausformulierten bzw. abgeschriebenen Sätze) sechs bis acht Aussagen über seine Texthälfte formuliert. Diese Aussagen sollen als Vermutungen geäußert werden *(„I think/believe …“, I'm not quite sure but I think that …“ Etc.)* und ein Teil dieser Aussagen soll nicht richtig sein. Nun formuliert Partner A seine Vermutungen gegenüber Partner B und dieser muss aus seinem erinnerten Wissen über den Textteil von Partner A entweder die Richtigkeit der Aussage bestätigen oder die Aussage von Partner A korrigieren. Anschließend erfolgt bei der zweiten Texthälfte der Rollentausch. Es versteht sich von selbst, dass die Lehrbücher während dieser Sprechaktivität geschlossen sind und lediglich bei Uneinigkeit der beiden Partner über eine Aussage für eine kurze Überprüfung geöffnet werden dürfen.

35 Do you know the answer? – mit Fragen Textverständnis prüfen

 reproduktive Verwendung von Sätzen, Fragen formulieren

 5.–10. Klasse

 8–10 Minuten

Lehrbuchtext

Durchführung
Der Lehrer teilt den erarbeiteten Lehrbuchtext in zwei Hälften ein. Die Schüler lesen zunächst den Gesamttext konzentriert und versuchen, möglichst viele Informationen zu behalten. Dann arbeiten sie in Paaren zusammen, wobei jeder Partner für eine andere Texthälfte zuständig ist, zu deren Inhalt jeder Partner fünf bis acht Fragen entwerfen soll. Anschließend befragt Schüler A seinen Partner anhand der vorbereiteten Fragen – die Lehrbücher sind dabei natürlich geschlossen. Abschließend stellt Schüler B Fragen zu seiner Texthälfte.

36 Let's interview ... – ein Interview zum Text entwerfen

reproduktives und freies Sprechen

 6.–10. Klasse

 10–15 Minuten

 Sachtext, ggf. Mikrofon als Requisit

Durchführung

Dieses Verfahren ist am sinnvollsten einsetzbar bei Texten mit einer interessanten Handlung und mehreren Protagonisten.

Der Lehrer teilt die Klasse in *interviewers* und *interviewees* ein. Die Zahl der *interviewees* entspricht der Zahl der Personen in einem Text, die für die Handlung von Bedeutung sind. Diese Schüler übernehmen die Rollen der Protagonisten. Zunächst lesen alle Schüler (erneut) den Text. Dabei entwerfen die *interviewer* in Partnerarbeit Fragen an die verschiedenen Protagonisten. Diese Fragen sollten sich unmittelbar auf die Textinformationen beziehen. Es sollten aber auch einige Fragen über den Text (und das, was er an Informationen über die Protagonisten bietet) hinausgehen (z. B. Handlungsmotive der Personen, im Text nicht erwähnte Folgen der Handlungen, weiteres Geschehen, Gefühle und Meinungen der Protagonisten und der Personen ihres Umfelds wie Freunde, Familie etc., auch wenn diese nicht im Text erwähnt werden).

Die *interviewees* hingegen versuchen in dieser Zeit, sich die Textinformationen einzuprägen und sich in die Handlungsweise und in die Welt ihres Protagonisten „hineinzudenken", die über den Text hinausgehenden Fragen zu antizipieren und sich Antworten zurechtzulegen.

Nach dieser Vorbereitungsphase platzieren sich die *interviewees* auf Stühlen vor der Klasse und werden von den Mitschülern befragt. Ein sinnvolles Requisit kann hierbei ein Mikrofon sein, das an den jeweils Befragten weitergereicht wird.

Bietet der Text nur einige wenige Protagonisten, so kann das Interviewverfahren auch in mehreren Gruppen mit einer jeweils kleinen Zahl von *interviewern* parallel durchgeführt werden.

Liegt ein passender Sachtext vor, zu dem die Schüler über grundlegendes Vorwissen verfügen, so kann dieses Verfahren in die Befragung eines *panel of experts* durch mehrere „Journalisten" abgewandelt werden.

KOMMUNIKATIVER
UMGANG
MIT FREIEN
LESETEXTEN

HINWEISE ZUM EINSATZ IM UNTERRICHT

Kurzbeschreibung

„Freie Lesetexte“ werden hier definiert als Lesetexte, die nicht Teil der Lehrbucharbeit sind, sondern vom Lehrer als authentische Original- oder adaptierte Texte für didaktische Zwecke im Englischunterricht ausgewählt werden.
Da die Arbeit mit Texten im Englischunterricht großen Raum einnimmt, lohnt es sich, zunächst den Umgang mit Lesetexten in der außerschulischen Realität kurz zu betrachten. Dort lesen wir Texte meist sehr unterschiedlich – vom bloßen Überfliegen bis hin zum genauen Lesen aller Details, je nach Interesse und Leseziel. Auch die Entscheidung, wie wir uns mit jemandem über einen Text austauschen, ist von unserer subjektiven Wertung bestimmt: Welche Informationen erscheinen uns wichtig, neu, interessant? Welche rufen unsere Zustimmung, Kritik, Empörung hervor? Über diese Informationen sprechen wir, und häufig bewerten wir auch den Text in seiner Gesamtheit (z. B. „Ein völlig einseitiger Artikel!“).

Tipps

Die Textarbeit im Unterricht sollte möglichst viele dieser Merkmale „natürlichen“ Umgangs mit Texten erlauben, d. h., sie darf sich nicht auf die Rekapitulation der Textinformationen beschränken, sondern sollte die subjektive Auswahl der relevanten Informationen, die Begründung der Auswahl, die Bewertung der Informationen und ihre Verknüpfung mit den Lebenserfahrungen der Schüler ermöglichen.
Individualität und Subjektivität des Lesens kommen in der Realität bereits in der Auswahl von Texten zum Ausdruck, denn manche Texte legen wir schon nach dem Lesen des Titels zur Seite, andere Texte dagegen verleiten uns sofort zur konzentrierten Lektüre. Auch dieses Merkmal „natürlichen“ Leseverhaltens, d. h. die Textauswahl entsprechend der eigenen Interessen, sollte, soweit im Klassenzimmer realisierbar, Teil der Arbeit mit Texten sein.
Das vielleicht wichtigste Prinzip der Textarbeit ist jedoch auch hier die Vielfalt der methodischen Verfahren. Aufgrund der Vielzahl von Texten, mit denen Schüler im Laufe des Englischlehrgangs konfrontiert werden, sollte der Lehrer mithilfe möglichst unterschiedlicher *pre-/while-/post-reading activities* das Entstehen von Monotonie verhindern, denn auf das Seufzen der Schüler („Nicht schon wieder ein Text ...“) folgt später meist ein zähes und freudloses Textgespräch.

AKTIVITÄTEN

37 *Make a guess! –* *Vermutungen über einen Text anstellen und stützende Argumente finden*

 freies Sprechen (Vermutungen äußern)

 6.–10. Klasse

 15–30 Minuten (je nach Textlänge und -schwierigkeit)

Text mit einem nicht allzu komplexen Plot

Durchführung
Dieses Verfahren ist am sinnvollsten einsetzbar bei Texten, die einen nicht allzu komplexen Plot aufweisen.
Die Schüler erhalten einen Text, bei dem der Anfangs- und der Schlussteil oder der Hauptteil entfernt wurden. Die Schüler stellen Vermutungen über das Geschehen, die Situationen, die Personenkonstellationen, die Motive etc. in den fehlenden Textteilen an. Dies erfolgt zunächst mit einem Partner (evtl. gestützt durch Notizen). Anschließend stellen die Paare ihre Vermutungen innerhalb einer Vierergruppe einem anderen Schülerpaar vor, diskutieren ihre Vermutungen und entscheiden sich für die überzeugendsten. Dabei besprechen sie auch, wie sie ihre Vermutungen durch plausible Argumente stützen können. Abschließend stellen die Gruppen ihre Ergebnisse im Plenum vor und verteidigen sie gegenüber Zweifeln und Gegenargumenten anderer Gruppen.
Bei einer Variante dieses Verfahrens werden den Schülern mehrere (kürzere) Texte in fragmentarischer Form vorgelegt. Die Schüler entscheiden nach ihren Vermutungen über die Inhalte darüber, welchen dieser Texte sie in seiner vollständigen Form in ihrer Gruppe lesen wollen und mit welchem bewertenden Schlusskommentar sie ihren Text dem Plenum abschließend vorstellen *(„Which text did you like best? Was it interesting/exciting/convincing ...?“)*.

38 Walkie-talkie – Fragen zum Text diskutieren

freies und reproduktives Sprechen

7.–10. Klasse

10–15 Minuten (ohne Textlektüre)

Sachtext mit kontroverser Thematik, Fragen für die Dokumentenkamera

Durchführung
Dieses Verfahren eignet sich besonders für Sachtexte mit kontroverser Thematik. Nach dem Erarbeiten des Texts projiziert der Lehrer drei Fragen an die Wand:

1. *„Which pieces of information are most important and interesting to you?"*
2. *„Which pieces of information did you not know before reading the text?"*
3. *„Who should read this text because they will certainly profit from reading it? Give reasons."*

Die Schüler gehen zusammen mit einem Partner im Klassenzimmer umher und besprechen dabei ihre Antworten auf diese Fragen. Nach ca. 4 bis 5 Minuten trennen sich die Paare und jeder Schüler befragt drei bis vier Mitschüler nach ihrer Antwort auf Frage 3. Abschließend können im Plenum verschiedene Antworten auf die Fragen 1 und 2 besprochen werden. Die Antworten auf Frage 3 sollten ausführlich diskutiert werden.

39 Information gap – in einer Plenumsdiskussion Stellung beziehen

reproduzierendes und freies Sprechen

8.–10. Klasse

ca. 40 Minuten

ggf. Bilder zu einer Problemsituation, 3 Texte mit unterschiedlichen Positionen zur Problemsituation

Durchführung
Dieses Verfahren ist besonders geeignet für aktuelle, schülernahe Themen und für Textsorten wie Zeitungsartikel, Interviews und Kommentare im Internet.
Der Lehrer stellt – z. B. anhand einiger Bilder – ein Problem vor, für das eine Lösung gesucht wird, z. B.: Die Stadtverwaltung überlegt, ob sie ein künstlerisch anspruchsvolles Graffito an der Wand eines öffentlichen Gebäudes entfernen oder als Beispiel moderner Kunst stehen lassen sollte. Den Schülern stehen drei unterschiedliche Texte mit unterschiedlichen Positionen zu diesem Problem zur Auswahl. Diese Texte sollten sich auch durch die Farbe des Papiers voneinander unterscheiden.
Jeder Schüler wählt einen Text und erarbeitet zunächst selbstständig den Textinhalt. Dabei können Schüler mit dem gleichen Text Kleingruppen bilden und sich bei der Texterarbeitung gegenseitig helfen. Anschließend bilden die Schüler Gruppen, in denen jeder der drei Texte mindestens einmal vertreten ist. Die Schüler teilen sich in der Gruppe gegenseitig die Textinformationen mit und diskutieren dann, wie sie als Stadträte in dieser Sache entscheiden würden. In der abschließenden Plenumsdiskussion (die als Stadtratssitzung mit dem Lehrer als Bürgermeister und Moderator inszeniert werden kann) stellen dann die Gruppensprecher ihre Entscheidungen und ihre Argumentation zur Diskussion. Herrscht ein gutes Klassenklima, kann am Ende eine Abstimmung über die zu treffende Maßnahme stehen.

SPIELERISCHES
FREIES SPRECHEN

HINWEISE ZUM EINSATZ IM UNTERRICHT

Kurzbeschreibung

Ein freies, spontanes Sprechen ist das Ziel, auf das alle Sprechaktivitäten im Fremdsprachenunterricht letztlich ausgerichtet sind. Aber so wie man sicheres Schwimmen nur durch viel Schwimmen lernt, muss auch das freie Sprechen schon so früh wie möglich und vor allem häufig geübt werden. Dies ist nicht selten mit Ängsten auf Lehrer- und Schülerseite verbunden:

* Lehrer befürchten, dass die Schüler – vor allem bei Partner- und Gruppengesprächen – Fehler ihrer Mitschüler übernehmen und fossilisieren könnten. Eine Reihe von Studien hat jedoch gezeigt, dass diese Angst unbegründet ist und dass frühes freies Sprechen, wenn es vom Lehrer durch *prompting* (sprachliche Hilfestellung z. B. bei Wortschatzlücken) und *recasts* (d. h. die richtige Umformulierung fehlerhafter Äußerungen) gestützt wird, den Spracherwerb fördert.
* Schüler hingegen haben Angst vor Überforderung, vor peinlichen Situationen (z. B. wenn das entscheidende Wort gerade nicht abrufbar ist oder ihnen „lustige" Aussprachefehler unterlaufen) und vor häufigen Lehrerkorrekturen, die ihnen aus ihrer Perspektive Inkompetenz bescheinigen (auch wenn dies nicht beabsichtigt ist).

Tipps

Es ist daher wesentlich, die frühen Aktivitäten auf dem Weg zum freien Sprechen kurz und einfach zu halten, d. h., sie auf wenige Äußerungen zu beschränken und sie so zu gestalten, dass die Schüler sich inhaltlich kompetent fühlen und zum größten Teil auf häufig umgewälztes Vokabular zurückgreifen können. Bei spielerischen Aktivitäten tritt die Angst vor Fehlern meist in den Hintergrund, vor allem, wenn das Spiel Interaktionen mit den Mitschülern erfordert. Für manche Schüler ist es zudem hilfreich und beruhigend, wenn sie in der Rolle einer anderen (fiktiven oder realen) Person agieren und so gleichsam hinter einer Maske sprechen können.

AKTIVITÄTEN

40 What's going on here? – mithilfe von Bildausschnitten einfache Aussagen tätigen

 freie Äußerungen in Einzelsätzen

 5.–10. Klasse (je nach Inhalt und Komplexität der Bilder)

 2–5 Minuten

 Foto für die Dokumentenkamera

Durchführung
Der Lehrer projiziert ein Foto an die Wand, das zum größten Teil abgedeckt ist und nur einen kleinen Ausschnitt aus einem Handlungsgeschehen zeigt (z. B. ein Paar Beine in schnellem Lauf). Die Schüler sollen Vermutungen über das Geschehen und die Situation anstellen. Haben die Lerner noch wenig Erfahrung mit diesem Verfahren oder verfügen sie über wenig Selbstvertrauen, kann der Lehrer durch Leitfragen Hilfestellung anbieten, z. B.:

- *Who is running? What tells us (that it's a young woman)?*
- *Why is this person running? What might have happened?*
- *Where is this taking place? What might this part of the picture show us?* (Hierbei deutet der Lehrer auf einen abgedeckten Bildabschnitt neben der sichtbaren Szene.)
- Etc.

Durch eine geschickte Bildauswahl kann denjenigen Schülern, die noch über wenig Praxis im freien Sprechen verfügen, der Sprechprozess erleichtert werden, indem der Bildausschnitt nur eine begrenzte Anzahl von offensichtlichen Vermutungen nahelegt und vor allem erst kürzlich geübtes Vokabular erfordert. Auf diese Weise werden die Abrufprozesse entlastet und auch schwächere Schüler motiviert.

41 *Can you help me?* – Probleme schildern und Ratschläge erteilen

kurze freie Äußerungen (1–3 Sätze), Anwendung von *modal auxiliaries*

6.–8. Klasse

8–10 Minuten

Karten mit Problemschilderung

Durchführung
Der Lehrer teilt die Klasse in zwei Gruppen ein. Jeder Schüler von Gruppe A erhält eine Karte, auf der ein Problem geschildert wird, z. B.: *„You want to take your cat with you to school because it hates being left alone at home. Unfortunately, pets are not allowed in the school building. What can you do? Ask for advice."*
Die Schüler gehen im Klassenzimmer umher, sprechen höflich die Schüler ohne Karte (Gruppe B) an (z. B.: *„Excuse me, please. Could you help me with a problem? I want …"*) und lassen sich von verschiedenen Mitschülern Tipps geben. Sie können und sollten bei wenig überzeugenden Ratschlägen auch Einwände vorbringen. Nach ca. fünf bis sechs Kurzgesprächen überlegt jeder Schüler von Gruppe A, welcher Ratschlag der überzeugendste oder originellste war, und präsentiert diesen im abschließenden Plenumsgespräch.

42 *Get out of this!* – Rollen einnehmen und argumentativ Auswege finden

freie Formulierungen (Kurzargumentationen)

7.–10. Klasse

10–15 Minuten

Karten mit Berufen, Karten mit passenden Rollen zu den Berufen
(z. B. Gäste, Besucher, Kunden, ...)

Durchführung
Die Schüler bilden Vierergruppen und arbeiten in diesen Gruppen zunächst in Paaren zusammen. Dies sollte so erfolgen, dass das eine Paar nicht hören kann, was das

jeweils andere Paar bespricht. Paar A erhält eine Karte, die ihm einen Beruf zuweist (z. B. Koch, Zoowärter, Taxifahrer, ...), den Schülern von Paar B wird eine dazu passende Rolle (z. B. Gäste, Besucher, Kunden, ...) durch eine entsprechende Karte zugewiesen. Die Schüler von Paar A haben die Aufgabe, sich Missgeschicke auszudenken, die in ihrem Beruf erfolgen könnten, und sich Argumentationen zurechtzulegen, mit denen sie diese Missgeschicke rechtfertigen oder entschuldigen könnten. Die Schüler von Paar B versuchen sich auszumalen, was ihnen z. B. in ihrer Rolle als Gast in einem Restaurant an unerfreulichen Ereignissen zustoßen könnte, die sie zu heftiger Kritik veranlassen würden. Dann wenden sich die Paare einander zu. Paar B bringt seine Kritik vor und die Schüler von Paar A versuchen, Erklärungen für das vorgebrachte Versagen/Missgeschick zu finden und durch Argumente in Verbindung mit Entschuldigungen die Vorhaltungen zu entkräften.

What's wrong? – höflich Fragen formulieren

freies Formulieren von Fragen/Vermutungen

8.–10. Klasse

5–7 Minuten

Rollenkarten mit Problemsituation

Durchführung

Die Schüler bilden Paare. Schüler A erhält eine Rollenkarte, die eine Problemsituation schildert, in der sich Schüler A befindet, z. B.:

Role card A

You went to a very expensive restaurant for dinner and ordered chicken, but the waiter served fish. You hate fish! You signaled to the manager to come to your table. Explain your problem and try to get the meal you ordered. But you have another problem: You lost your voice yesterday and can't speak – so: Use your body language to get the message across.

Schüler B erhält ebenfalls eine Rollenkarte, die seine Situation und Aufgabe schildert, z. B.:

Role card B

You are the manager of a restaurant with an excellent reputation. One of your guests has made you come to his/her table – obviously there is a problem. Find out what it is and try to solve the problem. Unfortunately, your guest can't speak, so ask intelligent questions to find out what might be his problem. Don't forget: You want your guests to be happy!

Schüler B versucht, das Problem durch Fragen, Vermutungen und Vorschläge zu lösen, Schüler A vermittelt Informationen und Wünsche/Forderungen durch Gestik und Mimik. Das „Gespräch" ist beendet, wenn A signalisiert, dass er mit der vorgeschlagenen Problemlösung zufrieden ist.

SIMULATIONEN DER REALITÄT: ROLLENSPIELE, SZENARIOS, SIMULATIONEN

HINWEISE ZUM EINSATZ IM UNTERRICHT

Kurzbeschreibung

Das für Schüler attraktive Ziel des Fremdsprachenunterrichts ist die Kommunikationsfähigkeit: Schüler wollen mittels der Fremdsprache Kontakte knüpfen können, sich informieren und austauschen, sich in Gesprächssituationen nicht hilflos fühlen. Der Fremdsprachenunterricht muss ihnen deshalb immer wieder die Gelegenheit bieten herauszufinden, ob sie zu all dem auch in der Lage sind. Er muss ihnen also ermöglichen, sich in möglichst realitätsnahen Situationen zu „testen" und sich so Feedback zu verschaffen:

* durch die Kommunikationssituation selbst: Erreiche ich meine Ziele? Komme ich in dieser Situation sprachlich zurecht oder scheitere ich?
* durch eine kompetente (Lehrer-)Analyse: Wo liegen meine Defizite? Woran muss ich noch arbeiten und wie mache ich das?

Tipps

Damit diese kommunikativen Aktivitäten, die gleichzeitig als „Testsituationen" fungieren, motivierende Kraft haben und zur weiteren Arbeit an der Sprachkompetenz anregen, müssen sie sorgfältig auf das sprachliche und inhaltliche Kompetenzniveau der Schüler abgestimmt sein, denn Überforderung in diesen Situationen, die ja das reale Leben widerspiegeln sollen, führt erheblich schneller zu einem Gefühl der frustrierenden Hilflosigkeit und damit zu langfristiger Demotivation als negative Erlebnisse in Übungseinheiten.

In diesem Abschnitt werden exemplarische Aktivitäten zu den vier wichtigsten kommunikativen Situationen vorgestellt, die den Schülern Gelegenheit zu einem anspruchsvollen *test of life* bieten:

1. *Role play:* Durch diesen Aktivitätstypus werden häufig wiederkehrende Standardsituationen des Alltags geübt (z. B. *going shopping, asking for the way, booking a room*), die weitgehend vorhersehbare Gesprächsverläufe aufweisen und daher die Verwendung von Phrasen und Formeln an der passenden Stelle des Dialogs betonen.
2. *Information gap:* Der Austausch von Informationen ist sehr häufig der Kern von Gesprächen. Dieses wichtige Prinzip liegt den *information gap activities* zugrunde: Ein Schüler muss von seinem Partner Informationen erfragen, die ihm selbst nicht zur Verfügung stehen. Anschließend müssen in vielen Fällen auf Basis der Gesamtinformationen Entscheidungen getroffen werden. In solchen Gesprächen wird thematischer Wortschatz mehrmals umgewälzt. Deshalb sind *information gap activities* auch für die Wortschatzwiederholung gut geeignet, da der Lehrer durch eine gezielte Auswahl des Materials (z. B. Bilder, Texte, Grafiken etc.) steuern kann, welcher Wortschatz in dem Gespräch verwendet werden muss.

3. *Simulation:* Im Mittelpunkt der *simulation* steht ein (realistisches) Problem, das von den Sprechern mithilfe ihrer Lebenserfahrung und ihres Weltwissens gelöst werden muss. Die *simulation* ist eine sehr anspruchsvolle kommunikative Aktivität, denn sie erfordert inhaltliche und sprachliche Kompetenzen und verlangt von den Beteiligten die Beherrschung unterschiedlicher Redeakttypen (z. B. Fragen, Aussagen, Widersprechen, Vorschlagen, Begründen, ...).
4. *Scenarios:* Dies ist vermutlich die „Königsdisziplin" der Sprechaktivitäten, denn sie stellt Schüler vor sehr hohe Anforderungen, da sie das spontane Bewältigen unterschiedlicher Problemsituationen verlangt, die unerwartet aufeinanderfolgen und schnelles (inhaltliches und sprachliches) Anpassen an Unvorhersehbares erfordern.

Werden all diese Situationen erfolgreich bewältigt, so stellt sich bei den Sprechern meist ein Gefühl der Erschöpfung, aber auch der tiefen Zufriedenheit ein.

AKTIVITÄTEN

44 Easy role plays – Mini-Rollenspiele einüben und präsentieren

Anwendung von Phrasen und thematischen Wörter eines *shopping dialogue*

5. Klasse

ca. 10 Minuten (ohne Erarbeitung von Phrasen und Vokabular)

unterschiedliche Arbeitsblätter mit Bildern von 3 Lebensmitteln, Dialogmuster für die Dokumentenkamera

Durchführung
Dies ist eine sehr einfache Form eines *mini role play*, durch welches die Schüler an das Sprechen mit unterschiedlichen Partnern und an die Grundstruktur eines Einkaufsdialogs herangeführt werden.
Die Klasse wird in zwei Gruppen geteilt. Alle Schüler von Gruppe A sind Verkäufer und erhalten ein Arbeitsblatt mit Bildern von drei verschiedenen Lebensmitteln, die sie verkaufen möchten. Die Schüler von Gruppe B sind die Einkäufer. Auch sie erhalten ein Arbeitsblatt mit Bildern von drei verschiedenen Lebensmitteln, die sie jedoch kaufen wollen. Die Lebensmittel auf den Blättern von Kunden und Verkäufern müssen variieren, allerdings müssen alle Lebensmittel für die Kunden erhältlich sein. Auch sollten die Arbeitsblätter von Käufern und Verkäufern unterschiedliche Farben haben, damit die Verkäufer bzw. Käufer sofort zu erkennen sind.

Die Schüler von Gruppe B gehen im Klassenzimmer umher und sprechen unterschiedliche Verkäufer an, bis sie ihre Lebensmittel erhalten haben. Die Dialoge können folgenden Verlauf nehmen:
Schüler B: „*Hello.*"
Schüler A: „*Hello, can I help you?*"
Schüler B: „*I'd like some bananas, please.*"

Als Hilfestellung für schwächere Schüler können die folgenden Varianten des Dialogmusters während der Aktivität an die Wand projiziert werden:

Alternative 1:

Schüler A: „*Yes, certainly. Here you are.*"
Schüler B: „*Thank you. How much is it?*"
Schüler A: „*That's ...*"

Schüler B: „*Here you are.*"
Schüler A: „*Thank you. Bye-bye.*"
Schüler B: „*Bye.*"

Alternative 2:

Schüler A: „*Sorry, I'm out of xx. What about some yy?*"
Schüler B: „*Well, why not?*"
(Falls Schüler B diese Ware auf seiner Einkaufsliste hat.)

Schüler A: „*Here you are.*"
Schüler B: „*Thank you. How much is it?*"
Schüler A: „*That's ...*"
Schüler B: „*Here you are.*"
Schüler A: „*Thank you. Bye-bye.*"
Schüler B: „*Bye.*"

Alternative 3:

Schüler B: „*Sorry, no. Anyway, thank you. Bye.*"
(Falls Schüler B diese Ware nicht auf seiner Einkaufsliste hat.)

45 Information gap – Informationen erfragen und Entscheidungen begründen

 Informationen einholen und geben, Entscheidungen begründen

 7.–8. Klasse

 8–10 Minuten

 Arbeitsblatt mit Kategorien für die Auswahl eines Campingplatzes, Arbeitsblatt mit Informationen zu den Campingplätzen

Durchführung

Die Schüler arbeiten paarweise zusammen. Schüler A möchte einen Campingurlaub verbringen und benötigt dazu von Schüler B Informationen über Campingplätze. Hat Schüler A die nötigen Informationen erhalten und notiert, muss er sich für einen Campingplatz entscheiden und seine Entscheidung Schüler B mit einer ausführlichen Begründung mitteilen. Schüler A erhält dafür ein Arbeitsblatt, das die Kategorien von Informationen festlegt, die er erfragen muss. Das Arbeitsblatt von Schüler B enthält Informationen zu drei verschiedenen Campingplätzen.

Arbeitsblatt A

You are planning a camping holiday.

Your partner knows three campsites in the area where you could spend your holiday. Get the information you need for deciding on the campsite you like best and make notes on this sheet. Then tell your partner which campsite you prefer. Give reasons.

campsite	**1**	**2**	**3**
big or small?			
restaurant?			
supermarket?			
swimming pool?			
close to the beach?			
karaoke or disco?			

Arbeitsblatt B

Golden Beach Campsite
We offer you plenty of space for over 500 tents and 50 caravans. You can do your daily shopping at a supermarket and buy fresh bread at our bakery. If you don't feel like cooking, our two restaurants will make you happy. A large swimming pool offers relaxation and the beach is only 300 yards away from the campsite. Afraid of boring weekends? No problem – just go to our disco! It is open every Friday and Saturday from 7 p. m. to 4 a. m.

Mountain Resort Campsite
Our campsite is an exclusive one and limited to 30 tents, so make your reservation quickly! We have no restaurant, but you can get drinks and snacks at our Grizzly Bar. A mobile shop, which drops by on Tuesdays and Fridays, provides (almost) everything you need for your meals. There is a swimming pool and a nearby lake which is more popular with the fish than with our guests as the water is very clear – and very cold. As a mountain resort we cannot offer you sandy beaches but a magnificent mountain scenery and quietness. There's no need to be afraid of loud music spoiling your peaceful evenings – we offer no evening entertainment, only quietness and the moonlight.

Oaktree Campsite*****
We are a middle-sized campsite with space for 230 tents. If you are hungry, enjoy a meal at our excellent restaurant. If you'd rather do your own cooking, you can buy all the things you need in the nearby village at a distance of 500 yards from the campsite. Are you looking forward to an active holiday? This is the right place for you: We have got our own stretch of sandy beach and there is karaoke every evening.

46 Simulation – Konzepte entwickeln, präsentieren und eine Entscheidung treffen

 argumentieren

 9.–10. Klasse

 20–30 Minuten

 Informationen zu einer Situation für die Dokumentenkamera

Durchführung

Der Lehrer stellt zunächst die Situation vor und projiziert die wichtigen Informationen (darunter idealerweise auch einen Plan des Schulgeländes) an die Wand: Das Schulaußengelände inklusive der bisherigen Parkplätze (sie werden durch eine Tiefgarage ersetzt) soll neu gestaltet werden, wofür die Stadt eine Summe von 80.000 Euro zur Verfügung stellt. Die Schüler sind aufgefordert, an der Planung mitzuwirken. Vier Unternehmen haben bereits Konzepte für die Neugestaltung eingereicht.

Die Schüler bilden Vierergruppen. Jedes Gruppenmitglied erhält einen der vier Konzeptvorschläge, der den anderen Schülern der Gruppe nach gründlicher Lektüre vorgestellt werden soll. Die Schüler diskutieren die unterschiedlichen Konzeptvorschläge und können sich für einen entscheiden oder ein Konzept auch modifizieren. Nach der Gruppenentscheidung stellt jede Gruppe ihre Entscheidung vor und begründet sie. Eine Abstimmung aller Schüler über den besten Vorschlag mit vorangehender Diskussion kann die Stunde abschließen.

Donut Unlimited

Why not relax in a beautiful pavilion on comfortable chairs, deck chairs and sofas? Coffee, non-alcoholic drinks and delicious snacks will be available. A relaxation corner with sofas, gentle music and a terrace in the shade of beautiful trees will make sure you go back to your classroom with new energy.

Friends of Nature

Take on responsibility for our world! An attractive information centre will inform you on the beauty of nature and the dangers it is exposed to in our days. A mini park next to the centre will show you changing nature throughout the seasons.

Fit & Young
Why not let off steam during break or after school by playing beach volleyball, climbing up a wall or trying out a half-pipe on your skateboard? We have been experts on constructing adventure grounds for more than 30 years and know how to transform boring school yards into fascinating places.

Parkland 2000
We are experts on changing barren grounds into peaceful parks where you can relax, meditate or simply walk and enjoy yourself. Why not look out of your classroom window onto trees, bushes, flowers, a beautiful lawn and winding gravel paths? Why not relax on park benches and look at a peaceful pond during breaks and after school?

47 Scenarios – ein Szenario durchspielen

freies, spontanes Sprechen, Probleme lösen, argumentieren

9.–10. Klasse

10–15 Minuten

verschiedene Rollenkarten

Durchführung
Die Schüler bilden Sechsergruppen. Ist die Schüleranzahl dafür nicht passend, so kann die Rolle von Schüler A in einer oder mehreren Gruppen von zwei Schülern übernommen werden. Ein Schüler ist der Regisseur: Er allein kennt den geplanten Verlauf des Szenarios und entscheidet darüber, wann er die Spieler C, D und E ins Spiel schickt. Der Regisseur muss sorgfältig ausgewählt werden: Ist er unaufmerksam oder ungeschickt, kann der Verlauf des Szenarios sehr holprig werden und bei den Teilnehmern kann Verwirrung und Frust entstehen.
Alle Teilnehmer lesen zunächst ihre Rollenkarten durch, um sich über die Situation und ihre Rolle zu informieren. Dann beginnen Schüler A und Schüler B ein Gespräch laut der Ausgangssituation. Wenn Schüler F (der Regisseur) den Eindruck hat, dass der

Gesprächsstoff von Schüler A und Schüler B erschöpft ist, schickt er Schüler C in die Szene. Während Schüler C seine Information an Schüler B weitergibt, signalisiert Schüler F an Schüler D, dass sein Auftritt unmittelbar bevorsteht. Schüler A, Schüler B und Schüler C kommen auf Schüler D zu und konfrontieren ihn mit dem Vorwurf des beabsichtigten Fahrraddiebstahls, den Schüler D zu entkräften versucht. Sobald das Gespräch zwischen Schüler B und Schüler D (auch Schüler A und Schüler C sollten sich an diesem Gespräch beteiligen) zu hitzig wird oder sich im Kreis zu drehen beginnt, lässt Schüler F den Polizisten Schüler E intervenieren. Schüler E lässt sich das Problem schildern, hört sich die verschiedenen Argumente an und entscheidet schließlich über den Ausgang des Konflikts.

Schüler A
You start the scenario together with student B.
You are sitting in a café talking about school problems with student B. You will be taking an important English test next week and you are worried because you keep forgetting the English words you have practised. Can student B help you? Ask him for advice.

Schüler B
You start the scenario together with student A.
You are sitting in a café talking to student A about the English test student A is deeply worried about because he/she keeps forgetting the English words he/she has practised. Can you help him?

Schüler C
You have just observed someone tampering with a bicycle in front of a café. This bicycle looks very much like your friend student B's bike. As you know that student B often meets classmates in the café you walk in to inform student B and to tell him to stop that person.

Schüler D
You have to get to the station quickly but your bicycle has got a flat tyre. You see a bicycle in front of the café and you think you could easily open the lock. This would allow you to get to the station early enough to catch your train. Now you see three young people coming towards you, one of them might be the owner of the bicycle. Try to talk yourself out of this unpleasant situation.

Schüler E
You are a policeman on patrol. You can see a group of young people discussing heatedly in front of a café. You want to find what is going on. YOU decide how this scenario will end: Do you arrest somebody? Do you just calm everybody down? ...

Schüler F
You are the director of this scenario – you decide when student C, student D and student E get involved in the action. Choose a suitable moment!
This is the plot:

- *Student A and student B are sitting in a café talking about student A's school problems.*
- *Student C has observed student D tampering with a bicycle in front of the café. Student C thinks this could be student B's bicycle and that student C wants to steal it. Student C wants to inform student B (YOU decide when student C is to walk up to student B).*
- *Student A, student B and student C leave the café and accuse student D of trying to steal the bicycle. Student D tries to find all kinds of excuses.*
- *A policeman (student E) comes along (YOU decide when he/she approaches the group in order to ask what is going on). The policeman decides when and how the scenario ends.*

DISKUTIEREN

HINWEISE ZUM EINSATZ IM UNTERRICHT

Kurzbeschreibung

Anlässe für Diskussionen im Englischunterricht können sehr unterschiedlich sein:

* Diskussionen können (wenn auch selten) als spontaner Meinungsaustausch entstehen und sollten als solcher vom Lehrer – auch entgegen der ursprünglichen Stundenplanung – zugelassen und in ihrer Entwicklung gefördert werden. Ausgangspunkt ist hier häufig die Arbeit an einem Text, bei der erkennbar wird, dass das Thema die Schüler emotional stark anspricht und kontroverse Meinungen hervorruft.
* Diskussionen können auch als Einführung in ein Thema dienen, wenn Vorwissen, Interessenslagen, Meinungen und Standpunkte geklärt werden, bevor sich die Klasse intensiv mit einem spezifischen Aspekt des Themas befasst.
* Diskussionen können auch am Ende eines Erarbeitungsprozesses (z. B. nach dem Lesen eines oder mehrerer Texte, als Abschluss eines Projekts etc.) stehen, wenn die Schüler sich mit den Sachinhalten, Argumenten und unterschiedlichen Sichtweisen auseinandergesetzt haben und abschließend in kritischer Abwägung zu einer eigenen Position gelangen sollen. Diskussionen mit diesem Ziel folgen häufig als Pro-/Kontra-Debatte oder als *fishbowl discussion* formalen Regeln und müssen deshalb auch formal gründlich vorbereitet werden.

Tipps

Sollen Diskussionen für Lehrer und Schüler befriedigend verlaufen, müssen sie in vielerlei Hinsicht systematisch vorbereitet und geübt werden:

* Der Lehrer muss zunächst lernen, der Versuchung zu widerstehen, als Moderator zu dominierend aufzutreten und die Diskussion zu eng zu lenken. Seine Aufgabe ist es vielmehr, neue Impulse zu geben, mit offenen Fragen das Gespräch voranzutreiben und zurückhaltende Schüler bei ihren Äußerungen durch sensible Bestätigung zu ermutigen. Die wichtigste Aufgabe des Lehrers ist es jedoch sicherlich, Sensibilität für Themen und Situationen zu entwickeln, aus denen Diskussionen entstehen können, und die günstige Gelegenheit dann mutig zu nutzen.
* Diskussionen müssen auch in Bezug auf eine angemessene Sprache gelernt und geübt werden. Dazu gehört z. B. der Gebrauch von Strukturierungsphrasen (z. B. *on the one hand … on the other hand, first of all, another important point is*), von *downtoners* (z. B. *sort of, kind of, in a way, more or less*) zur Abschwächung einer Aussage, von *face saving expressions* (z. B. *that's an interesting point you've just made but …*) und weiteren Sprachmitteln, die zur Klarheit der Aussagen und zum höflichen Verlauf einer Diskussion beitragen.
* Die Schüler müssen sich aber auch daran gewöhnen, sprachliche Risiken in einer Diskussion einzugehen und nicht aus Angst vor Fehlern zu verstummen. Hier kann

(bei einer geplanten Diskussion) das Prinzip *Think – Pair – Share* insbesondere unsicheren Schülern helfen, sich mit etwas mehr Selbstsicherheit in eine Diskussion einzubringen: Zuerst reflektieren die Schüler individuell das Thema und mögliche Argumente *(Think)*, bevor sie ihre Überlegungen mit einem Partner besprechen und dabei auch sprachliche Probleme klären *(Pair)*. Erst nach diesem „Probelauf", in dem Inhalte und Sprache bereits umgewälzt wurden, bringen sie ihre Gedanken in die anschließende Diskussion ein *(Share)*, in der der Lehrer durch sprachliche Hilfestellung und Fehlertoleranz die Risikobereitschaft der Schüler unterstützen sollte.

AKTIVITÄTEN

48 Why? – Diskursmuster einüben

kurze freie Äußerungen (Begründungen, Einwände), Gebrauch von einfachen Feedbackformeln (z. B. *„Oh, I see."*, *„That's right, but ..."*, ...)

6.–8. Klasse

6–8 Minuten

Arbeitsblätter mit einer Entscheidungsfrage, Dialogmuster für die Dokumentenkamera

Durchführung

Diese kurze Aktivität soll Schüler an ein sehr häufiges Diskursmuster von Diskussionen heranführen: Aussage → Nachfrage → Begründung → Einwand. Durch das Üben dieses kurzen „Schlagabtausches" sollen die Schüler auch mit der Bedeutung von Feedbackformeln vertraut werden, deren Fehlen Äußerungen meist unhöflich klingen lässt. Sinnvollerweise sollte der Lehrer diese Formeln in der Reihenfolge, in der sie im Diskurs verwendet werden sollen, an die Tafel schreiben, damit sie während des Übens als Gedächtnisstütze zur Verfügung stehen.

Der Lehrer teilt die Klasse in zwei Gruppen ein. Jeder Schüler der Gruppe A erhält ein Arbeitsblatt mit einer Entscheidungsfrage, z. B.: *„Do you like dogs?"*, *„Do you help your parents cook the meals?"* Idealerweise erhält jeder Schüler eine andere Frage. Die Schüler gehen nun im Klassenzimmer umher und stellen ihre Fragen nacheinander fünf verschiedenen Mitschülern der Gruppe B. Aus diesem Auftakt entwickelt sich dann ein Kurzgespräch nach folgendem Muster (das vorher natürlich demonstriert werden sollte):

Frage: „*Do you like dogs?*“
Aussage: „*No, I don't like dogs.*“
Nachfrage: „*Oh, I see. But why don't you like them?*“
Begründung: „*Well, they sometimes bite people.*“
Einwand: „*That's right, but not all dogs bite. Many dogs are very nice.*“

Darauf kann dann Partner B nach Belieben reagieren. Anschließend ist das Gespräch beendet und Partner A wendet sich dem nächsten Schüler zu.

49 Yes, but ... – Pro- und- Kontraargumente vorbringen

freies Sprechen (argumentieren), Anwendung von Satzeinleitungsformeln (z. B. „*Well, you know ...*“, „*I see your point but ...*“), die ein Gegenargument ankündigen

8.–10. Klasse

8–10 Minuten

Ausgangssituation für die Dokumentenkamera

Durchführung
Diese Aktivität soll den Übergang zu längeren und anspruchsvolleren Diskussionen im Plenum erleichtern und vorbereiten.
Die Schüler bilden Dreiergruppen (es sind auch unterschiedlich große Gruppen möglich) und wählen in ihren Gruppen eine/n *Mr X* oder *Mrs X*, die eine bestimmte Meinung, Lebensweise oder ein (z. B. pädagogisches) Konzept zu vertreten hat. Diese Ausgangsinformation wird vor jeder Diskussionsrunde vom Lehrer an die Wand projiziert, z. B.: „*Mr/Mrs X is a headmaster who wants his/her pupils to have two hours of physical education at school every day.*“
Die Schüler erhalten 30 Sekunden Zeit, um über ihre Argumentation nachzudenken. Dabei hat *Mr X/Mrs X* den vom Lehrer projizierten Standpunkt zu vertreten (hier in der Rolle des „sportfanatischen“ Schulleiters), während die anderen beiden Schüler als Skeptiker oder Gegner dieses Konzepts Gegenargumente vorbringen. *Mr X/Mrs X* beginnt die Diskussion mit der Vorstellung seiner/ihrer Idee. Die Gruppe erhält für diese Mini-Diskussion 1 Minute Zeit.

Auch hier ist es sinnvoll, wichtige sprachliche Mittel (z. B. *„But don't you think that …"*, *„Well, I must admit this is an important point, but …"*, *„Let's not forget that …"*, *„The main point/argument certainly is …"* Etc.) in auffälliger Form zur Verfügung zu stellen, damit ihre Anwendung im Gespräch nicht vergessen wird.

50 Top subjects – Entscheidungen argumentativ begründen

 freies Sprechen (kontroverse Argumentation)

 9.–10. Klasse

 15–20 Minuten

 ggf. Aufgabenbeschreibung für die Dokumentenkamera

Durchführung

Diese Aktivität folgt einer Erweiterung der Methode *Think – Pair – Share*. Der Lehrer projiziert folgende Aufgabe an die Wand: *„There is to be a reassessment of the following school subjects: physical education, English, music, mathematics. How important is each subject to you? How relevant is it for your life now and in the future? How many hours a week should each subject be taught – twelve hours a week are available for all of them. Make a ranking."*

Die Schüler erstellen zunächst individuell eine Rangliste der Schulfächer nach ihrer Bedeutung für sie (die sich in der zugewiesenen Stundenzahl widerspiegeln soll) und suchen Argumente für ihre Entscheidung *(Think)*. Dann besprechen sie ihre Entscheidung mit einem Partner und versuchen, zu einer Einigung zu kommen *(Pair)*. Anschließend stellen sie ihr Ergebnis einem weiteren Paar vor und versuchen erneut, eine Einigung zu erzielen – dies muss jetzt allerdings nicht unbedingt der Fall sein *(Share)*. Anschließend stellen die Gruppen ihre Ergebnisse im Plenum vor und diskutieren die Gründe, die zu den verschiedenen Rangfolgen geführt haben.

51 My client is very sorry – argumentieren üben

 freies Sprechen, spontanes Argumentieren

 9.–10. Klasse

 10–15 Minuten

 ggf. Ausgangssituation für die Dokumentenkamera

Durchführung

Die Schüler bilden Vierergruppen, die aus jeweils zwei Rechtsanwälten und zwei Staatsanwälten bestehen. Der Lehrer schildert die Ausgangssituation: Zwei Schüler sind nach einer Party über mehrere Autos gelaufen und haben diese dabei beschädigt. Zunächst diskutieren die Rechtsanwälte und die Staatsanwälte die Problemlage getrennt: Die Staatsanwälte suchen Argumente dafür, eine möglichst hohe Strafe fordern zu können, die Rechtsanwälte suchen nach möglichst überzeugenden Entlastungsargumenten. Nach ca. 5 bis 7 Minuten diskutieren die beiden Parteien dann miteinander und versuchen, bzgl. der Strafe zu einem „Deal“ zu gelangen. Anschließend stellen die jeweiligen Gruppen ihre „Deals“ (bzw. das Scheitern eines solchen) mit ihren Begründungen im Plenum vor. Die anderen Gruppen bewerten und hinterfragen das Ergebnis kritisch.

MONOLOGISCHES
SPRECHEN

HINWEISE ZUM EINSATZ IM UNTERRICHT

Kurzbeschreibung

Monologisches Sprechen ist eine zentrale Kompetenz im beruflichen und privaten Leben: In beruflichen Situationen fassen wir die wesentlichen Punkte eines Verhandlungsgesprächs oder die Ergebnisse eines Projekts zusammen. Im privaten Austausch erzählen wir länger von unserem Urlaub oder stellen ausführlich unseren (z. B. politischen) Standpunkt dar.

Monologisches Sprechen ist sowohl leichter als auch schwerer als dialogisches Sprechen. Einerseits bestimmt der Sprecher (zumeist) das Thema seiner Ausführungen, muss nicht auf unvorhersehbare Äußerungen seiner Gesprächspartner reagieren und nicht ständig zwischen Dekodieren und Enkodieren hin- und herwechseln. Andererseits stellen längere Äußerungen einen hohen Anspruch an das Abrufen und Kombinieren von sprachlichen Elementen. Daraus folgt ein wichtiges Lernprinzip, das den Englischunterricht grundsätzlich alle Klassenstufen hindurch begleiten sollte: Wortschatz sollte möglichst in thematischen Feldern und in *chunks*, d. h. in Kollokationen, Wendungen und Wortkombinationen, gelernt werden, um auf diese Weise das schnelle Abrufen von Sprachbausteinen zu erleichtern, die zu einer spezifischen Situation passen.

Tipps

Für ältere Schüler, die lernen sollen, vor einem Publikum eine längere Präsentation zu halten, ergibt sich zudem ein weiteres Problem: Sie müssen verstärkt das Publikum in ihre Überlegungen einbeziehen und sich fragen, wie sie die Aufmerksamkeit ihrer Zuhörer über eine klare Strukturierung des Inhalts, den gezielten Einsatz von Kohäsionselementen und rhetorischen Mitteln, eine angemessene Betonung und Gestik, anschauliche Beispiele sowie einen sinnvollen Medieneinsatz gewinnen und halten können. Die Bewältigung all dieser Aspekte setzt voraus, dass die Konzentration des Sprechers nicht mehr primär den sprachlichen Problemen gilt.

Da all diese Teilkompetenzen über eine längere Zeit hinweg und schrittweise entwickelt werden müssen, ist es sinnvoll,

- die Sprachmenge von kurzen *me reports* über Textzusammenfassungen von 2 bis 3 Minuten bis hin zu längeren Präsentationen langsam zu erhöhen,
- den Schwierigkeitsgrad der Sprechsituation ebenfalls schrittweise zu steigern, d. h. von kurzen Berichten über Alltagsthemen (mit genügend Zeit zur Vorbereitung) über spontane *one-minute talks* hin zu längeren formellen Präsentationen mit vorangegangener Recherche.

Da zu formellen Präsentationen bereits eine Fülle praxisbezogener Literatur vorhanden ist, konzentrieren sich die folgenden Beispiele auf Vorstufen mit unterschiedlichen Schwierigkeitsgraden.

AKTIVITÄTEN

52 My little world – mit selbst gemalten Bildern vom eigenen Leben erzählen

 Formulieren mehrerer vorbereiteter Sätze über den eigenen Lebensbereich

 5.–6. Klasse

 6–8 Minuten

 vorbereitete Arbeitsblätter der Schüler

Durchführung
Die Schüler bereiten zu Hause ein Arbeitsblatt mit Bildern ihrer Familie, Haustiere, Hobbies sowie anderer Freizeitaktivitäten vor und üben anhand dieser Bilder die zusammenhängende Beschreibung ihrer Lebenswelt. Als Hilfestellung erhalten die Schüler ein Arbeitsblatt, das die wichtigen Aspekte und zu ihnen passende sprachliche Mittel enthält:

Talk about …
- *your family: This is … / These are ...*
- *your pets: I've got … / We've got… / He is … years old.*
- *your hobbies: I like (playing …) / I often (play) / Every day ...*
- *free time activities: Every Saturday I / we ...*

Der Lehrer sollte zunächst anhand des Arbeitsblattes bei der Hausaufgabenstellung seine eigene Lebenswelt beschreiben und so ein Modell zur Nachahmung liefern.
In der Folgestunde gehen die Schüler mit ihren Bildblättern im Klassenzimmer umher und stellen mindestens drei Mitschülern in einer Mini-Präsentation ihren Lebensbereich (nach einer höflichen Begrüßung) vor.

53 Lucky picture – mit Bildern Geschichten erzählen

freies Sprechen nach einem Bildstimulus

 7.–10. Klasse

 10–12 Minuten

 verschiedene Fotos oder Textstreifen

Durchführung
Die Schüler bilden Vierergruppen. Jeder Schüler der Gruppe erhält ein anderes Foto und hat dann 30 Sekunden Zeit, das Bild zu betrachten und sich die Grundzüge einer Geschichte zu überlegen, die einen Bezug zu dem Bild aufweist und beim Erzählen ungefähr 1 Minute lang sein sollte. Bei der Auswahl der Fotos muss darauf geachtet werden, dass die dargestellten Situationen mit dem Wortschatz der Schüler weitgehend zu beschreiben sind.
Nun zeigt ein Schüler der Gruppe sein Bild und erzählt seine Geschichte (Zeigt das Bild z. B. ein verlassenes Auto am Straßenrand, so kann daraus die Geschichte einer Entführung, eines leeren Benzintanks etc. entstehen). Anschließend stellt ein weiterer Schüler nach dem gleichen Verfahren seine Geschichte vor etc. Wenn alle Geschichten vorgestellt wurden, wählt die Gruppe die originellste Geschichte (oder lost eine Geschichte aus), die abschließend im Plenum nach Projizierung des Bildes an die Wand vorgetragen wird.
Bei einer etwas schwierigeren Variante dieser Aktivität erhalten die Schüler statt eines Fotos einen Textstreifen, der im Stil einer Zeitungsschlagzeile eine kurze Information bietet, aus der wiederum eine kurze Geschichte entwickelt werden muss, z. B.: *„Horror! Lion devoured dog!"*, *„Fish? Never again!"*, *„A cat saved my life!"*

54 What is it about? – Texte zusammenfassen

zusammenfassendes Wiedergeben eines Textes

8.–10. Klasse

10–12 Minuten

verschiedene Texte

Durchführung

Die Schüler bilden Paare oder Kleingruppen. Jeder Schüler erhält einen anderen Text. Je nach Klassenstufe sollte der Text ca. 150 bis 200 Wörter umfassen und nur sehr wenige unbekannte Wörter und Wendungen enthalten.

Jeder Schüler liest seinen Text und notiert sechs bis acht Stichwörter, die als zentrale Begriffe die wesentlichen Inhaltspunkte des Texts wiedergeben. Dann fasst er für seine/n Partner den Textinhalt mithilfe der Stichwörter zusammen. Abschließend können die Zuhörer Fragen zu unklaren Aussagen stellen oder um genauere Informationen zu einzelnen Punkten bitten bzw. sich einen Kommentar des Sprechers zum Inhalt des Texts wünschen.

55 Enigmatic 2 minute talks – Kurzvorträge mit Rätselcharakter halten

freies Sprechen über ein selbst gewähltes Thema

8.–10. Klasse

3–5 Minuten

Durchführung

Diese Aktivität kann als ein festes Ritual ein- bis zweimal pro Woche eine Unterrichtsstunde eröffnen.

Ein Schüler berichtet ca. 2 Minuten lang über ein für ihn interessantes Ereignis (z. B. einen Film, ein Musikfestival, ein Sportereignis etc.). Diesen Bericht bereitet er zu Hause vor und notiert dabei Stichwörter als Erinnerungshilfe für seinen Vortrag. Außerdem ersetzt er alle Wörter, die für dieses Thema spezifisch sind (z. B. alle Fußball-

begriffe bis hin zu Wörtern wie *match*, *player* etc. in einem Bericht über ein Fußballspiel), durch Nonsense-Wörter wie *woggle* o. Ä. Die Mitschüler sollen erraten, über welches Ereignis er berichtet. Ein vorheriger Probedurchlauf mit sprachkundigen Familienmitgliedern oder Freunden empfiehlt sich, um herauszufinden, ob eine zu niedrige Anzahl der ersetzten Begriffe das Erraten zu leicht macht oder ob zu viele Nonsense-Wörter die Zuhörer ratlos zurücklassen.
Nach dem Vortrag äußern die Mitschüler ihre Vermutungen (und begründen sie), bis der Referent die Vermutungen bestätigt oder korrigiert.

BILDQUELLENVERZEICHNIS

Verwendete Icons © Chinnapong – adobe.stock.com
Sprechblasen © Julien Eichinger – adobe.stock.com
Verwendete Rahmen © kromkrathog – adobe.stock.com